Literarischer Freund und Wegbegleiter
Erinnerungen an Albrecht Dexler

Literarischer Freund und Wegbegleiter

Erinnerungen an Albrecht Dexler

Herausgegeben von
Vita Huber-Hering,
Fritz Deppert und Dieter Zeitz

GESELLSCHAFT
HESSISCHER
LITERATURFREUNDE

Hessische Beiträge zur deutschen Literatur
Herausgegeben von der Gesellschaft
Hessischer Literaturfreunde e.V.

*Die Gesellschaft Hessischer Literaturfreunde dankt
Frau Ute Dexler für ihre freundliche Unterstützung.*

Copyright der Fotos und Schriften
von Albrecht Dexler: Ute Dexler

Alle Autoren-, Bild- und Verlagsrechte vorbehalten.

ISBN 978-3-87390-326-5
Justus von Liebig Verlag, Darmstadt

Herstellung: Ph. Reinheimer GmbH,
Darmstadt 2013

Inhalt

Erinnerungen an Albrecht Dexler

Peter Benz
Albrecht Dexlers Frühpädagogik................. 8

Wolfgang Böhler
Dem Freund Albrecht Dexler..................... 11

Fritz Deppert
Auf einen zu früh Verstorbenen 14

Fritz Deppert
Begegnung mit Albrecht Dexler 15

Peter Hörr
Von der Dankbarkeit, mit einem großartigen
Mann zusammengearbeitet zu haben.............. 17

Vita Huber-Hering
Ein entscheidender Unterschied................. 19

Ulrike Leuschner
In memoriam Albrecht Dexler und Fritz Ebner...... 22

Karlheinz Müller
Arbeitsame Plauderstunden..................... 24

S. N. Poorhosaini
Meine Freundschaft mit Albrecht Dexler 26

Karl-Eugen Schlapp
Aus den Erinnerungen eines Darmstädter Buchhändlers. 29

Agnes Schmidt
Worte des Gedenkens.......................... 33

Corona Schmiele
Zugewandtheit zum Lebendigen 35

Aart Veder
Albrecht Dexler............................... 37

Dieter Zeitz
Wer kennt wen?............................... 38

Wolfgang Zelmer
Austausch und Bereicherung..................... 41

Aus den Reden und Schriften von Albrecht Dexler
Bemerkungen zur Person des Bildhauers Gustav Seitz . 44
75 Jahre Eleonorenschule 1911 - 1986 48
Maremo-Stilleben von Wolfgang Zelmer. 50
Christian Schad 56
Leo Leonhard *Der Hessische Landbote*. 61
Leo Leonhard *Künstlertagebuch zu Dantons Tod* 67
Die Quellen des Clitumnus 73
Daniel Greiner - Künstler und Mensch 76
Glanz der Sachlichkeit – Rolf Steffen 78
Die Parallelwelt des Franz Politzer 83
Durch afrikanische Türen
Janheinz Jahn und die Suche nach Afrikas Stimmen. . . 89
50 Jahre Gesellschaft Hessischer Literaturfreunde
Darmstadt 1960 - 2010. 111

Das Albrecht-Dexler-Haus
Coffee Chaos Band 117
Biographie von Albrecht Dexler 118
Biographien der Autoren 120

Erinnerungen an Albrecht Dexler

Peter Benz

Albrecht Dexlers Frühpädagogik

Kommissar Zufall spielt immer noch eine überragende Rolle in der Polizeiarbeit, trotz hoch entwickelter Technik, Spurenelemente aufzudecken. Unter unseren Dichtern hat frühzeitig Friedrich Dürrenmatt in seinem Werk auf die Bedeutung des Zufalls nicht nur aufmerksam gemacht, sondern ihn als zentrales Prinzip seines poetischen Weltgebäudes verankert. Wer erinnert sich nicht an den todkranken Bärlach im *Richter und sein Henker*, an die rachsüchtige alte Dame auf ihrem Besuch in der alten Heimat, an den normalen Möbius unter Irren in den *Physikern*, denen alle irgendwie der Zufall zu Hilfe kam, um ihre Pläne zielgenau verfolgen zu können. Ohne Zufall wäre die Welt ein zu starres Schema mit ihren kausalen Notwendigkeiten. Sie muß auch noch Spaß machen. Solche Sachen sind es, die einen vorantreiben, wenn man etwas sucht. So erfreut es einen, nach Albrecht Dexlers frühpädagogischen Versuchen zu googlen, um sich dann von Hinweis zu Hinweis rettungslos zu verlieren. Bei den herkömmlichen Lexika und Konkordanzen war das alles noch einfach, weil mühsamer, sich von Seite zu Seite durchzuschlagen. Wenn man nichts fand, hörte man auf.

Der Zufall wollte es, daß der frühere Leiter der Volkshochschule von unserer Absicht erfuhr, für Albrecht Dexler ein Erinnerungsblatt zu schreiben. Er erinnerte sich, daß Albrecht Dexler einmal für diese Bildungseinrichtung gearbeitet hatte. Im Keller des Justus-Liebig-Hauses wurde er unter alten Programmen der VHS fündig. Wohl noch als Student stieg Albrecht Dexler in die Erwachsenenbildung 1966 ein und setzte diese Arbeit 1971 als Studienrat in zwei Semestern fort.

Im Rahmen eines Grundstudienprogramms wurde ein neuer Weg der Fortbildung eingeschlagen, der, wie es im Angebot hieß, aufgeschlossenen Arbeitnehmern, denen an ihrem Fortkommen gelegen sei, und Hausfrauen, eine Erweiterung und Ergänzung ihrer Allgemeinbildung vermittelt werden sollten. Der pädagogische Impetus ist ganz vom bildungspolitischen Aufbruch der sechziger Jahre getragen. Als Lehrfächer wurden außer Politik, Recht, Literatur auch ausdrücklich „Stilgeschichte der Kunst" genannt, für die als Dozent Albrecht Dexler verantwortlich war. Er widmete sich mit Übungen der Malerei im Vorfeld der Gegenwart und der Kunstbetrachtung im Allgemeinen.

Bedeutsam bleibt, daß Albrecht Dexler sein pädagogisches Novizentum als Erwachsenenbildner begann, mit Menschen erzieherischen Bildungsumgang pflegte, die, anders als seine spätere Schülerklientel, bereits durch Schule und Beruf geprägt und mehr oder weniger verbogen, wenn nicht versaut waren. Für einen jungen Pädagogen war dies sicherlich ein schwieriges Unterfangen, das allein dadurch gemildert und erträglich wurde, daß es sich um freiwillige und bildungswillige Teilnehmer handelte.

In der Erwachsenenbildung kann noch viel weniger als im allgemeinen Schulbetrieb von idealen Erziehungsverhältnissen ausgegangen werden, wie sie im Zeitalter der Aufklärung angemahnt wurden. Eine natürliche Erziehung nach Jean Jacques Rousseau oder gar die idyllische Insel der berühmten Pädagogischen Provinz des Altmeisters Goethe, fernab von Zivilisation und verderblichen Einflüssen, können im hektischen Alltag, der auch Raum für Weiterbildung geben soll, keinen Bestand haben. Diese Utopie der negativen Erziehung, frei von vorprägender Welt, ist für den Bildungsalltag sicher untauglich. Aber allein das Ideal des freien, bildungsfähigen, sozial integrativen und damit der Humanität verpflichteten Menschen muß Ansporn des Pädagogen sein. Vielleicht war auch dieser Gedanke Anlaß für Albrecht Dexler, sich zunächst in der Erwachsenenbildung zu probieren, mit Menschen zu arbeiten, die schon eine Geschichte hatten. Die Kunst bietet zumindest das Podium, humanes Leben zu reflektieren.

Also nicht die Pädagogische Provinz war der Ort des ersten kunsterzieherischen Wirkens von Abrecht Dexler, sondern aber immerhin die Provinz im Besonderen. Denn die Hohe Schule des Lobes der Provinz gedieh in Darmstadt immer gut, wenn es um die eigene Provinz ging, wie der sprechende Titel des Buches hieß, das just in den Jahren von Albrecht Dexlers Wirken an der VHS erschien. Zur Provinz gehören überschaubare Zusammenhänge, die Menschen kennen sich und in der sich globalisierenden Welt kann sie Halt bieten. Sie ist ein Lernort für Demut und Pragmatismus. Oskar Maria Graf äußerte einmal, die Welt müsse provinziell werden, dann werde sie menschlich. Was wäre das für ein schönes pädagogisches Programm.

Albrecht Dexlers Berufsleben verlief hiernach in der Provinz. Die Anfänge des pragmatischen Lehrens und die Bildungsvermittlung einer freien und humanen Kunst blieben sein pädagogischer Anspruch. Als die Stadt Darmstadt Anfang der siebziger Jahre eine Planungsgruppe mit der Aufgabe berief, eine gymnasiale Oberstufenschule vorzubereiten, aus der die Bert-Brecht-Schule hervorging, gehörte Albrecht Dexler als Kunsterzieher zum Kollegium. Ihm oblag es dann, anläßlich der Ausstellung der Bronzemaske des Dichters Bertolt Brecht im Foyer der Brechtschule 1976, die Rede auf den Bildhauer Gustav Seitz zu halten. In ihr begründete er mit Blick auf den Künstler sein Verständnis von Kunst: *Die Einstellung zur künstlerischen Formulierung der Wirklichkeit zeigt sich bei ihm als erklärte Bereitschaft zum Bildnis des Menschen als dem künstlerischen Thema schlechthin: die Entdeckung des Menschen für die Realität ästhetischer Erfahrung war ihm ein Leben lang vornehmste Aufgabe seines Schaffens.* Im Nachhinein betrachtet, legte Albrecht Dexler ein frühes erstaunliches Credo seines Kunst- und Menschenverständnisses ab. Daß dieses Zeugnis ausgegraben werden konnte, ist dem Zufall zu verdanken: da die abgedruckte Rede sich in einer Broschüre der Brechtschule mit einem ungewöhnlichen Format findet, fiel sie beim Suchen im Bücherregal aus der Reihe und mir buchstäblich auf die Füße.

Wolfgang Böhler

Dem Freund Albrecht Dexler

Fast vier Jahrzehnte hatten wir in Albrecht Dexler einen zuverlässigen, treuen Freund und Wegbegleiter. Begegnet waren wir uns 1972 in unmittelbarer Nachbarschaft in der Jugenheimer Ludwigstrasse, als wir die Buch- und Kunsthandlung Ackermann übernommen hatten und neu ausrichteten.

Gespräche mit Albrecht gaben Anregungen, Orientierung und bald das Gefühl einer zuverlässigen Freundschaft, die unsere Familien mit einbezog. Der gebürtige Darmstädter Hesse Albrecht Dexler erklärte uns manchen Wesenszug der Südhessen, auch der Jugenheimer. Über Bücher kamen wir uns näher: für die eigene umfangreiche Bibliothek, seine Kinder, zahlreiche Reisen und Ausstellungsbesuche, seine Lehrfächer und immer wieder – das Neue und Literarische.

1973 erschien das Jugendbuch von David Macaulay *Sie bauten eine Kathedrale* – es hatte im selben Jahr den Jugendliteraturpreis erhalten. Albrecht und Ute waren von dem Buch begeistert. Dennoch überraschte uns der Vorschlag des Kunstlehrers vom Schuldorf Bergstraße, mit seinem Leistungskurs Kunst eines unserer großen Schaufenster an der Straßenfront in den Innenraum einer gotischen Kathedrale zu verwandeln. Mit dem Hinausgehen des Schulunterrichts in die Öffentlichkeit waren sich Schülerinnen und Schüler bewusst, in perspektivischer Projektion, Gestaltung und künstlerischer Detailausführung sich einem allgemeinen Urteil ihrer Eltern, ihrer Mitschüler und der dörflichen Öffentlichkeit auszusetzen. Über die Resonanz freuten sich alle, auch wir als neue Buchhändler in Jugenheim.

Albrecht und Ute Dexler förderten ihre drei Kinder durch regelmäßige Wochenendausflüge zu geschichtsträchtigen Orten, zu herausragenden Ausstellungen auch in weiterer Entfernung. Wir staunten nur, wie intensiv kulturelles Geschehen in ihre Familie drang: Bildung durch Erleben, Sehen durch Wissen – wir durchschauten bald den überragenden Pädagogen. Noch konnten wir nicht nachziehen, der Altersunterschied zu unseren Kleinkindern gestattete nur, die erfahrene Bewunderung zu verinnerlichen und um ein Jahrzehnt zu verschieben.

Mit der Berufung 1979 Albrechts als Leiter der Eleonorenschule in Darmstadt wurden die freundschaftlichen Gespräche seltener. Einladungen in sein Jugenheimer Haus entschädigten uns: jedes Mal überraschten uns Gesprächspartner aus seinem Darmstädter Kontaktkreis – es war die Welt der Darmstädter Gymnasien, des Darmstädter Theaters, der Kunst-Ausstellungen, der vielseitigen Begegnungen – wir erlebten ein quicklebendiges kulturelles Dasein unserer Zeit.

Die *Gesellschaft Hessischer Literaturfreunde* in Darmstadt forderte und förderte in enger Symbiose unseren Freund. So besprachen wir Lesungen für Jugenheim und Bensheim. Auch zu unseren monatlichen „Jour-fixe"- Veranstaltungen, deren Themen sich neben Kunst auch auf Lyrik, Prosa und Theater erstreckten, kam Albrecht als aktiver Gesprächspartner.

Albrecht Dexler war ein kritischer, Rat gebender Freund, auch bei der Auswahl angebotener Kunstausstellungen, die er dann öfters in Jugenheim, Museum Schloß Lichtenberg und in Bensheim durch Eröffnungsreden prägte. Er ging offen auch auf ihm bisher unbekannte Werke junger Künstler ein, er erschloss sich und den Vernissage-Besuchern u. a. in Lichtenberg im zeitgenössischen Kontext Leben und Werk der Künstler Leo Leonhard, Franz Politzer, Wolfgang Zelmer oder des Jugenheimer Kunsthandwerkers Hermann Harder.

Unserer Galeristen-Tätigkeit in der Lichtenberger Sommergalerie war Albrecht ein zuverlässiger, immer hilfsbereiter Freund. Gern erinnern wir uns an seine aktive Tätigkeit bei Auswahl und Preisvergabe in der Jury von zwei Wettbewerbsausstellungen im Schloß Lichtenberg mit jeweils mehr als 70 teilnehmenden Künstlern und über 200 eingereichten Arbeiten, sei es bei drei Lichtenberger Künstlergesprächen zusammen mit jeweils vier Künstlern, bei denen Form und Richtungen gegenwärtiger Kunst mit den individuellen Ansprüchen und in Werken vorgelegten Beispielen hinterfragt wurden. Sein umfassendes Gedächtnis ermöglichte ihm, auch flüchtige Begegnungen zu vergegenwärtigen und in den Gesprächskontext einzubeziehen. Den Reichtum kunstgeschichtlicher Formen und Erkenntnisse – speziell die der Renaissance – konnte Albrecht dort im Gespräch und bei Reden einbauen, wo Künstler in ihren Werken Rückgriffe auf Themen angedeutet hatten, die sich einer Interpretation anboten, z. B. bei Wolfgang Zelmer und bei Franz Politzer.

Für Leo Leonhard war Albrecht nicht nur Interpret, er war auch Anreger, wenn es um Zitate aus der Welt der Kunst ging. Natürlich spielten Darmstädter Künstler und Schriftsteller - nicht nur Georg Büchner – die hervorstechende Rolle bei Gesprächen und Diskussionen.

Dankbar gedenken wir der Jahrzehnte, in denen uns Albrecht und Ute als Freunde begleiteten und oft zu Aktivitäten ermunterten. Die berufliche Seite des Pädagogen haben wir bewusst ausgespart.

Eine der letzten intensiven Begegnungen bildete sein Festvortrag zum 50-jährigen Bestehen der *Gesellschaft Hessischer Literaturfreunde*: das Spiegelbild einer lebendigen Gesellschaft schillerte in ihrer Geschichte, in ihren literarischen Vertretern über die Jahrhunderte hinweg, die uns der Vortragende intensiv und liebevoll vergegenwärtigte. Für uns erschloss sich die Welt der Darmstädter Kulturkreise, immer wieder neu formuliert, jederzeit vorwärtsstrebend und dennoch verfangen in dem Machtgefüge ihrer Zeit.

Es war sein Postulat, auch an uns: Literatur lebt in den Menschen, sie sollen sich öffnen und mitwirken.

Albrecht Dexler gab uns allen ein einprägendes Beispiel.

Fritz Deppert

Auf einen zu früh Verstorbenen

Trotz des langen Abschieds
auf den Gängen des Literaturhauses
noch der Schatten und Sätze,
die nach Wiedersehen klangen. So,
als bewegte er sich noch dort;
Atemzüge neben mir und vorbei.
Gedanken, die sich, trotz der Zeit,
die verging, nicht an den Verlust
gewöhnen wollen. Ich schließe die Augen
und frage, war er es vielleicht doch,
lautlos an mir vorübergehend.
Warum blieb er nicht stehen
und sprach mit mir?

Fritz Deppert
Begegnung mit Albrecht Dexler

Als ich 1972 die Planungsgruppe zur Gründung des ersten selbständigen Oberstufengymnasiums mit breit gefächertem Kurssystem in Darmstadt übernahm, gab es noch die Möglichkeit, alle Fächer als Leistungskurs anzubieten und weitgehend frei zu kombinieren, also zum Beispiel Kunst und Physik oder Musik und Chemie. Ich hatte deshalb von vornherein die Absicht, die musischen Fächer als Leistungskurse anzubieten, weil hier oft mehr Allgemeinbildung erfolgt als in manchen anderen Schulfächern und weil dieses Angebot zur wertvollen Grundlage für alle Schüler und Schülerinnen werden kann, wenn es um die Gestaltung der Freizeit geht, die ja heutzutage, vom Virus des Computerfanatismus abgesehen, umfangreicher zur Verfügung steht als früher. Außerdem habe ich nie begriffen, wieso in der Schule Kunst und Musik an den Rand gedrängt wurden, schließlich hat sich dort ein bedeutender Teil abendländischer Kultur ereignet. In meinen Augen waren sie gleich wichtig wie Literatur oder Mathematik oder Naturwissenschaften.

Weil ich das so sah, suchte ich für die Planungsgruppe einen Kunsterzieher, der aufgeschlossen war für die Balance zwischen kreativem Gestalten und Kunstgeschichte und darüber hinaus meinem Lehrerbild entsprach, das den Schüler als mündigen Partner sieht und nicht als zu benotendes Objekt. Ich klopfte also bei dem mir bekannten Leo Leonhard an. Da er schon andere Zukunftspläne hatte, empfahl er mir den im Schuldorf Bergstraße Kunst unterrichtenden Albrecht Dexler. So lernte ich Albrecht kennen.

Er entsprach von Anfang an meinen Vorstellungen. Er hatte Erfahrung mit künstlerischem Gestalten und Lehren und dazu noch Gesamtschulerfahrung. Dass er darüber hinaus sogar Interesse an Mitarbeit in der Verwaltung bekundete und die Stelle des Koordinators mit den Gesamtschulen übernahm, machte ihn noch wertvoller für die Bertolt-Brecht-Schule, die 1974 die Arbeit aufnahm. Albrecht Dexler hat auf diese Weise die Brechtschule von Beginn an mitgeprägt und vor allem den musischen Bereich aufgebaut. Es war eine Zeit, in der Lehrer, wie wir es waren, zuerst Pädagogen und dann Theoretiker und schon gar kein Machthaber gegenüber den Schülern, die Lerninhalte und sogar die Strukturen prägen konnten, jedenfalls an der Brechtschule. Die heutige Gängelei durch Bürokraten und Vorschriften gab es nicht und auch die Enge und den Muff der Vergangenheit gab es in einem so jungen und neu zusammengestellten Kollegium nicht.

Albrecht und ich wurden rasch Freunde über den Schulalltag hinaus. Ich war Malersohn und brachte Nähe zur Kunst mit, er interessierte sich für Literatur. Dazu kam die gleiche Herkunft: wir waren beide Darmstädter und im Nachkriegstrümmerfeld aufgewachsen und hatten trotz des Altersunterschiedes ähnliche Erfahrungen. Ebenso verband uns das von der Schule Abschaltenkönnen. Wir führten mehr Gespräche über Bilder und Bücher und Kunstreisen als über Pädagogik. Er brillierte durch seine Erzählkunst, die den Charme und Stil orientalischer Erzähler hatte und schon von daher nicht aufgeschrieben werden durfte. Darum gibt es so wenige Texte von Albrecht. Das mag man bedauern, aber es war nicht seine Form des sich Äußerns. Man hörte ihm fasziniert zu.

Es war also nur folgerichtig, dass unsere Freundschaft über die Schulgemeinsamkeit hinauswuchs. Bald gehörte die Familie dazu: Ute, die wie er lebhaft erzählen konnte, und die Kinder, die im gleichen Alter waren wie unsere. Diese Freundschaft hielt an, als er die Brechtschule 1979 verließ, um Schulleiter an der Eleonorenschule zu werden.

Schulisch gab es auch nach 1979, zum Beispiel in den Direktorenversammlungen, durch das gemeinsame Augenmaß und die Unvoreingenommenheit, die sich wohltuend abhob von den Vertretern eines fast militanten Konservatismus gegenüber Förderstufen, Gesamtschulen und intensivem Kurssystem, viele Berührungspunkte, auch wenn er als Direktor eines traditionellen Gymnasiums behutsamer agieren musste.

Als neue Gemeinsamkeit kamen die *Hessischen Literaturfreunde* dazu, als deren Geschäftsführer er meinen ersten Roman veröffentlichte und auch immer wieder das Gespräch suchte.

Albrecht Dexler hinterlässt durch seinen plötzlichen Tod also auch in meinem Leben eine schmerzende Lücke.

Peter Hörr
Von der Dankbarkeit, mit einem großartigen Mann zusammengearbeitet zu haben

Zu den Gründern der Gesellschaft *Hessischer Literaturfreunde* gehörte HEAG-Direktor Professor Wilhelm Strahringer. Daraus resultiert die Tradition, daß die Literaturfreunde von der HEAG, beziehungsweise von ihrer Nachfolgerin, der HSE, unterstützt werden. Nicht nur finanziell, sondern auch personell, unter anderem, indem die Funktion des Schatzmeisters von Mitarbeitern der HEAG/HSE wahrgenommen wird.

In Fortführung dieser üblichen Praxis wurde ich von meinem Vorgesetzten Walter Lindenlaub, der damals Schatzmeister der Gesellschaft war, im Jahr 1990 gebeten, diese Funktion zu übernehmen. Seine Bitte stieß bei mir nicht auf Begeisterung, zum einen, weil deren Übernahme mit einem erhöhten Zeitaufwand verbunden war, zum anderen, weil ich mich zum damaligen Zeitpunkt fast ausschließlich mit Fachliteratur beschäftigt hatte.

Hinzu kam ein Unbehagen, weil mir bekannt war, daß der Schatzmeister, der auch für die allgemeine Verwaltung zuständig ist, sehr eng mit dem „Kopf und Herz" der Gesellschaft, dem Geschäftsführer Albrecht Dexler, zusammenarbeitet. Herr Dexler war mir damals persönlich nicht bekannt, ich hatte lediglich gehört, daß er hoch gebildet, ein ausgewiesener Literaturkenner und Schulleiter der Eleonorenschule ist. Also aus meiner damaligen Sicht eine Persönlichkeit, der ich vielleicht nicht ganz gewachsen sein könnte. Es blieb mir jedoch keine andere Wahl, als der Bitte zu entsprechen, das Amt zu übernehmen.

Diesen Entschluß habe ich nie bereut, im Gegenteil. Von Anfang an war die Zusammenarbeit mit Albrecht Dexler außerordentlich harmonisch. Ich konnte schnell erkennen, daß er ein großartiger, warmherziger Mensch war. In der langjährigen Gemeinsamkeit entstand eine vertrauensvolle, freundschaftliche Verbindung, die sich auch in den privaten Bereich erstreckte. Ich durfte mit Albrecht Dexler viele

Gespräche, nicht nur über geschäftliche Themen führen, an die ich gerne zurückdenke und die mir noch heute viel bedeuten. Er war bescheiden, stellte seine Person nie in den Mittelpunkt und hatte immer ein offenes Ohr für die Probleme anderer. Herr Dexler hat mir so manchen guten Ratschlag gegeben.

Auf Grund der stets angenehmen und konstruktiven Zusammenarbeit habe ich mich im Jahr 2007, obwohl mein Arbeitsverhältnis mit der HEAG beendet war, entschlossen, weiterhin als Schatzmeister zu fungieren und das, in Absprache mit Albrecht Dexler, solange er Geschäftsführer sei. In der Hoffnung, noch viele Jahre gemeinsam mit ihm für die Literaturfreunde zu arbeiten.

Diese Hoffnung hat sich leider nicht erfüllt. Nach über 20jähriger Zusammenarbeit wurde Albrecht Dexler im Jahr 2011 viel zu früh aus dem Leben gerissen. Die Gesellschaft hat den Verlust ihres engagierten Geschäftsführers zu beklagen. Ich habe einen Freund verloren, und das stimmt mich und meine Familie traurig. Gleichwohl bin ich froh und dankbar, daß ich ihn kennengelernt habe und so lange mit ihm zusammenarbeiten durfte.

Vita Huber-Hering
Ein entscheidender Unterschied

Dr. Fritz Ebner, langjähriger Vorsitzender der Darmstädter *Goethe-Gesellschaft* und stellvertretender Vorsitzender der *Literaturfreunde*, arrangierte in seiner unnachahmlich verbindlichen Art ein Treffen, indem er Albrecht Dexler auf meine Theater-Essays hinwies, aus denen dann *Mein Theaterbuch* entstand. Was Albrecht Dexler ausstrahlte, bedurfte keiner langen Jahre des Kennenlernens, er verfügte über den unmittelbaren Moment der Zuwendung: mit seiner Erfahrung, aus seinem Wissen, mit seiner Menschenkenntnis und aus der großen Gabe seiner Herzlichkeit.

Es gibt eine Zeile in einem Sonett von Petrarca, darin ist vom Tod die Rede, *der knüpft und löst, auftut und schließt.* Diese Endgültigkeit des Schließens begreift jeder besonders schmerzlich, der vor einer Hinterlassenschaft steht, die auch etwas auftut, nämlich das Bewußtsein, man habe einen Charakter, eine Persönlichkeit in ihrer geistigen Lebendigkeit vielleicht nicht so komplex wahrgenommen, wie sie gewesen sein mag, nicht Facetten erkannt, die sich erst post mortem erschließen.

Als wir Frau Dexler besuchten, um für den Erinnerungsabend an Albrecht Dexler am 19. März 2012 im Literaturhaus Einblick in seine Schriften zu gewinnen, war ich überrascht von allem, was da ausgebreitet lag: Reden, Vorträge, Vorworte, Nachworte, Kataloge.

Es ist ihr zu danken, daß wir aus dieser Fülle schöpfen dürfen. Aus jeder Zeile spricht das Wesen des Autors: seine Texte zeigen - und das wurde mir hier erst deutlich - wie sehr Albrecht Dexler sich selbst im Hintergrund hielt, wie sehr er für andere tätig war und versuchte, Maler und Autoren ins ihnen gebührende Licht zu setzen. Diese besondere Zurückhaltung und Diskretion bei maximaler geistiger Unterstützung ist für mich ein außergewöhnliches Zeichen von Kultur, eine rare Haltung im allgemeinen lärmenden und eitlen Gewimmel. *Wir werden nimmer seinesgleichen sehen,* um es mit *Hamlets* Worten zu bezeichnen.

Wie sehr Albrecht Dexler über zweiundzwanzig Jahre spiritus rector der Gesellschaft Hessischer Literaturfreunde und Mentor der stattlichen Reihe Editionen war, kann wahrscheinlich nur einer richtig einschätzen, der an der Arbeit teilgenommen hat: es ist Peter Hörr, der ehemalige Schatzmeister an seiner Seite. Die Zusammenarbeit beider erschien mir immer von geradezu auffallender Unauffälligkeit, reibungslos, lautlos, freundschaftlich respektvoll, effizient. All dies ist vergangen, jedoch erwähnenswerte Vergangenheit.

Die *Gesellschaft Hessischer Literaturfreunde* verändert sich nun. Wer jahrelang am Theater gearbeitet hat wie ich, dem ist ein Wandel durchaus vertraut, denn es wandelt und verwandelt sich ja ständig. Wir haben öfter Gespräche über das Phänomen Theater geführt und über alles, was seine Valeurs und Krassheiten einschließt. Albrecht Dexler war ein wohlwollender und zugleich kritischer Beobachter, der auch weite Fahrten mit seiner Frau unternahm, wenn ihn eine Inszenierung oder ein Theater-Projekt interessierten. Wovon immer er erzählte - Streifzüge durch Kunst und Literatur, Geschichte, Musik und Architektur - Zuhörer, die er gefangennahm, waren ihm sicher. Egal, ob im öffentlichen Raum oder als großzügiger Gastgeber mit seiner Frau Ute im privaten Kreis.

Jeder, der bestimmte Texte und Themen auswählt, gibt eigene Vorlieben preis, charakterisiert sich bis zu einem gewissen Grad auch selbst. Seinen Vortrag am 29. November 2010, von dem er nicht wußte, daß es sein letzter sein würde, widmete Albrecht Dexler im Literaturhaus Darmstadt dem profunden Kenner afrikanischer Literatur, Dr. Janheinz Jahn, der in dieser Stadt lebte, von 1966-1968 Generalsekretär des westdeutschen *P.E.N. Zentrums* in Darmstadt war und 1970 den Übersetzerpreis der *Deutschen Akademie für Sprache und Dichtung* erhielt. Albrecht Dexler fesselten die Nachdichtungen Jahns aus dem afrikanischen, amerikanischen, arabischen und asiatischen Kulturraum, die jener in mehreren Anthologien herausgegeben hat, beginnend mit der arabischen Lyrik des *Diwan aus Al-Andalus*. Auch dies zählt zu den nennenswerten Verdiensten Albrecht Dexlers, an Autoren erinnert zu haben, deren Leistungen weitgehend in Vergessenheit geraten waren.

Wenn man versucht, sein Lebenswerk zu betrachten, seinen Einsatz für Künstler in Wort und Schrift, einbezogen seine Berufung zur Bildung der Jugend - so berühren einen, wie ich finde, besonders einige Zeilen aus seinem Nachlaß, in denen er ein ganz eigenes, persönliches Erlebnis festhielt: einen heißen Nachmittag in Umbrien, mit seiner Frau Ute an den *Quellen des Clitumnus*, den Fonti del Clitumno. Jeder kennt die Skizzen Goethes aus der Campagna, scheinbar leicht aufs Papier geworfene Aquarelle und Federzeichnungen. Schwebend wirkt auch die Impression Albrecht Dexlers, scheinbar leicht geschrieben, den tiefen Eindruck verbergend. Er beschreibt das römische Jupiter geweihte Heiligtum am Flüßchen Clitumnus, an dessen Ufern in der Antike die weißen Stiere weideten, die bei Triumphzügen siegreicher Caesaren in Rom geopfert wurden. Dreimal besuchte Albrecht Dexler diesen magischen Ursprung der Quellen, die schon Vergil und Plinius d.J. faszinierten.

Je öfter man in zunehmenden Jahren kulturell und von Herzlichkeit geprägte Menschen aus seiner Umgebung verliert, desto nachdenklicher wird man. Auf Albrecht Dexler trifft zu, was bei Hofmannsthal zu lesen ist, daß es *ein entscheidender Unterschied ist, ob Menschen sich zu anderen als Zuschauer verhalten können, oder ob sie immer Mitleidende, Mitfreudige, Mitschuldige sind: diese sind die eigentlich Lebenden.*

Ulrike Leuschner

In memoriam Albrecht Dexler und Fritz Ebner

Es gibt Lücken, die ohne weiteres nicht zu füllen sind. Albrecht Dexler begegnete ich als Neu-Darmstädterin bald nach der Aufnahme meiner Arbeit in der Forschungsstelle Johann Heinrich Merck der Technischen Universität im Zimmer der *Goethe-Gesellschaft* im Literaturhaus. Dr. Fritz Ebner, der die kritische Herausgabe von Mercks Briefwechsel initiiert hatte und ihr Fortschreiten mit Hingabe begleitete, stellte den Kontakt her, sicher nicht ohne Hintergedanken. Damals begleitete mich Albrecht Dexler in mein provisorisches Büro und hörte sich mit verwunderter Sympathie meine eifrigen editionsphilologischen Erläuterungen an. Schrittweise lernten wir uns näher kennen, bei privaten Zusammenkünften in Dr. Ebners Freundeskreis wie bei Veranstaltungen der *Gesellschaft Hessischer Literaturfreunde*, der ich einige Zeit später beitrat.

Am 28. August 2010, dem 251. Jahrestag von Goethes Geburt, starb Dr. Ebner. Auf dem Krankenbett hatte er mich gebeten, für den Fortbestand der *Goethe-Gesellschaft*, die er seit 1961 als Geschäftsführer, seit 1983 als Vorsitzender geleitet hatte, Sorge zu tragen, eine Aufgabe, der ich ohne Albrecht Dexlers Hilfe nicht gewachsen gewesen wäre. Vorbehaltlos konnte ich meine Fragen stellen. Er stand mir bei, besonders auch bei der traurigen Pflicht, im Namen der *Goethe-Gesellschaft* die Gedenkstunde für Fritz Ebner zu veranstalten.

In Darmstadt [...] sind Kunst und Geist eine Selbstverständlichkeit eines prätentiösen gesellschaftlichen Verhaltens. Man muß das mitmachen, wenn man etwas gelten will, und auf die Weise ist das nichts anderes als anderswo Golf oder Reitsport. Und was die Kunst betrifft, so gerät sie dabei in die Gegend der Konfektion, eine kostspielige Sache ohne jeden Zusammenhang mit der Wirklichkeit. Das harte Urteil, das Hans Erich Nossack am 18. Oktober 1967 in sein Tagebuch notiert hatte, beschreibt immer noch den Zustand einer Stadt, die mit ihrem reichen literarischen Erbe wenig anzufangen weiß. Albrecht Dexler begegnete den Darmstädter Verhältnissen mit kritischer Gelassenheit. Er war der Sachwalter der hessischen, der Darmstädter Literatur. Prätension, Eitelkeit, lag ihm fern. Abwägend, mit klarem literarischem Urteil, war sein Ziel das Machbare, und nicht ohne Stolz wies er auf die lange Reihe der *Hessischen Beiträge zur deutschen Literatur* hin, die sich wahrlich sehen lassen kann. Überlegungen zu einer künftigen Zusammenarbeit bahnten sich an, sein Tod hat sie jäh abreißen lassen.

Es gibt Lücken, die ohne weiteres nicht zu füllen sind. Fritz Ebner und Albrecht Dexler hinterließen solche Lücken.

Karlheinz Müller

Arbeitsame Plauderstunden

Zu meinem Langgässer-Buch (*Elisabeth Langgässer. Eine biographische Skizze.* Darmstadt 1990) kam ich zwar nicht wie die Jungfrau zum Kinde, aber der Anruf Dr. Ekkehard Borns, es war wohl 1986, überraschte mich doch: „Die *Gesellschaft Hessischer Literaturfreunde* macht ein Buch über Langgässer, und Sie schreiben es!" Keine Frage, daß diesem Befehl Folge zu leisten war, denn mir war es zuvor gelungen, mit Erfolg, wie sich nun zeigte, Dr. Born davon zu überzeugen, daß die *Hessischen Literaturfreunde* etwas in Sachen Langgässer publizieren sollten.

1988 wurde Albrecht Dexler Geschäftsführer der *Gesellschaft Hessischer Literaturfreunde*, und ihm kam nun die Aufgabe zu, mir erst einmal zu erklären, weshalb es mit meinem Buch noch etwas dauere, daß ich mich gedulden müsse. Er tat dies so überzeugend, daß ich es einfach einsehen mußte, und ich gab erst einmal nicht zu, daß ich froh war über diese Verzögerung. Dr. Born hatte mir mit großem Schwung auf meine Frage, welche Art von Publikation man sich denn vorstelle, geantwortet, ich hätte absolute Freiheit. Pädagogen wissen, daß das Prinzip Freiheit sowohl Last als auch Segen sein kann, und bei mir als Neuling in der schreibenden Zunft überwog die Last. Immer mehr Skrupel plagten mich hinsichtlich des „wie" – wie sollte das Verhältnis zwischen Lesefreundlichkeit und wissenschaftlichem Anspruch sein, wie das zwischen Primärtexten der Autorin und darstellendem Text, wie war das reichlich vorhandene Bildmaterial zur Geltung zu bringen u. v. m.

Als der Publikationstermin festgesetzt war, kam Albrecht Dexler ins Spiel. Ein erstes Arbeitstreffen wurde vereinbart. Meine Vorstellung war, daß nun der Neuling mit seiner Unbedarftheit und seinen Skrupeln auf den Mann mit Erfahrung traf, auf einen Organisator und „Macher". Weit gefehlt! Zunächst wäre der Begriff „Arbeitstreffen" durch einen freundlicheren zu ersetzen; ich möchte „Plauderstunde" bevorzugen, trotz seines negativen Beigeschmacks à la „Kaffeekränzchen" mit inhaltslosem Geschwätz. Unsere

Plauderstunden hatten eher etwas von Fontane'scher Causerie. Da wird, amüsant und humorvoll, über vieles geredet, was oft belanglos und nebensächlich erscheint und doch immer einen Kern trifft, das, worum es eigentlich geht. Albrecht Dexler und ich haben oft gelacht und uns amüsiert, wir haben auch gerne gelästert, wozu uns die hessische Schulpolitik viele Anlässe bot, und wir haben viel über Bücher und Autorinnen und Autoren gesprochen. Und wir kamen zu Ergebnissen! Ich weiß bis heute nicht, wie, aber die Gestaltung des Buches wurde in unseren „Plauderstunden" festgelegt – Einband und Titelgestaltung, Anordnung der Textteile, Auswahl und Einfügung des Bildmaterials. Nie hat der Neuling von Albrecht Dexler gehört, „So geht das nicht!" oder „Das müssen Sie so machen!" Immer behielt ich den Eindruck, daß meine Vorschläge umgesetzt wurden, nie kam ich mir eines Besseren belehrt vor. Ich war immer der, der das Heft in der Hand behielt – trotz meiner Unsicherheiten – , und ich ging aus diesen „Arbeitstreffen" heraus mit dem Gefühl, angenehme und heitere Stunden mit Albrecht Dexler zugebracht zu haben.

Wie ist ihm dies gelungen, wie hat er dies gemacht? Seine große pädagogische Erfahrung spielt da bestimmt mit hinein, vielleicht sogar strategisch eingesetzt. Aber wichtiger war wohl, ganz schlicht gesagt, seine offene Zugewandtheit, seine Fähigkeit, zuhören und sein Wissen und Können einsetzen zu können, ohne sich selbst in den Vordergrund zu stellen. Pathetischer gesagt, hatten diese seine Fähigkeiten, bei aller Indirektheit unserer „Plauderstunden", etwas von der Maieutik des Sokrates: Ich durfte aus diesen Gesprächen herausgehen als jemand, der das Bewusstsein hatte, von selbst das Richtige gefunden und erkannt zu haben.

An diese Gespräche mit Albrecht Dexler denke ich gerne zurück.

S. N. Poorhosaini
Meine Freundschaft mit Albrecht Dexler

Schon bald nach unserem Umzug nach Jugenheim im Jahre 1976 lernte ich Albrecht Dexler kennen, der damals in unserer Nachbarschaft wohnte. Bekannt gemacht hatte uns Dr. Bittner, der damalige Vorsitzende der HEAG und der Literaturfreunde.

Die anfangs lose Bekanntschaft entwickelte sich bald zu einer immer enger werdenden tiefen Freundschaft. Gesprächsstoff gab es mehr als genug. Wir fanden gemeinsame Themen in Politik, Kunst oder Alltagsgeschehen. Durch die Bekanntschaft mit Albrecht Dexler lernte ich auch Dieter Zeitz und Leo Leonhard kennen und schätzen. Viele anregende Stunden im Gespräch wurden dank der anwesenden Ehefrauen auch mit kulinarischen Künsten bereichert.

Dieter Zeitz, S.N. Poorhosaini, Bettina Schad, Albrecht Dexler und Leo Leonhard

Herrliche Ferientage verbrachten meine Frau und ich mit Ute und Albrecht in Davos und an der ligurischen Küste. Für Albrecht und Ute war Reisen eine wunderbare Sache und wenn Albrecht von seinen vielen Reisen mit seiner Frau Ute erzählte, war man nicht bloß Zuhörer. Man wurde durch das bloße Zuhören zum Mitreisenden. Albrechts Erzählungen ließen Architektur, Kunst, Landschaft und Gaumenfreuden vor unseren Augen lebendig werden.

Utes und Albrechts Musikbegeisterung bescherte uns viele gemeinsame Konzertbesuche. Oft fuhren wir zu den Rheingau-Festspielen in Kloster Eberbach. Bei diesen musikalischen Ausflügen ließ Albrecht Dexler uns immer mit großem Vergnügen in die Geschichte des Klosters eintauchen. Die gemütliche Klosterschänke bildete dabei den passenden Rahmen.

Als ich im Mai 1987 meine erste Kunstausstellung in der Galerie in Jugenheim eröffnete, war es Albrecht, der die Eröffnungsrede hielt. Er eröffnete dem an Kunst interessierten Publikum unseres Hauses noch viele Male als Redner den Zugang zur Kunstbetrachtung. Albrecht hatte dafür das nötige Gespür, verbunden mit einem fundamentalen Kunstwissen. Seine lebendigen, manchmal weit ausschweifenden Reden fesselten die Zuhörer immer wieder aufs Neue. Er wies sie auf neue Erkenntnisse hin und verstand es ausgezeichnet, auf seine Zuhörerschaft einzugehen.

Viele interessante und intensive Gespräche, in denen die Werke der Künstler und die Künstler selbst im Mittelpunkt standen, sind den Ausstellungen vorangegangen. Wir saßen viele Abende lang bis weit nach Mitternacht zusammen, diskutierten, betrachteten, wählten aus. Erst als Albrecht pensioniert war, fanden unsere Kunstgespräche auch nachmittags statt. Albrecht Drexler war auf meinem „Galeristenweg" ein kenntnisreicher, hilfreicher, interessanter und immer anregender Wegbegleiter, der oftmals neue Impulse und andere Sichtweisen einbrachte. Wenn ihm etwas unklar erschien, war seine Neugierde geweckt. Mit großer Geduld und Akribie forschte er solange nach, bis er eine Antwort gefunden hatte.

Bei den Arbeiten über den Künstler Paul Bürck, die zur Herausgabe des Buches über ihn führten, war Albrecht ein überaus hilfreicher Mitarbeiter. Wann immer er Zeit erübrigen konnte, saß er zusammen mit meiner Frau stundenlang über den Werken von Paul Bürck. Noch lange Zeit nach der Herausgabe des Buches beschäftigte Albrecht sich mit diesem Künstler. Er forschte weiter, telefonierte mit vielen Menschen, befragte sie und teilte mir seine neuesten Erkenntnisse mit. Auch bei anderen Ausstellungen erlosch sein Interesse an den Künstlern nicht mit dem Ende der Ausstellungen. Durch diese gemeinsame Arbeit vertiefte sich unsere Freundschaft noch weiter. Oft kam Albrecht nach einem anstrengenden Schultag oder zwischen Schulstunden und Konferenzen am Nachmittag auf einen Sprung bei mir im Geschäft vorbei. Bei einer Tasse Tee wurde der Schulalltag für kurze Zeit ausgeblendet.

Neben unseren persönlicheren Gesprächen gab es eine Stammtischrunde, an der Albrecht und ich teilnahmen. Einmal im Monat trafen sich fünf Freunde zu Diskussionen über Politik, Reisen, Alltägliches und Kunst. Albrechts phänomenales Gedächtnis ließ mich oft an eine wandelnde Enzyklopädie denken. Albrechts politisches Interesse hatte uns einst zusammengebracht und blieb natürlich erhalten. Auch bei unseren Stammtischrunden spielte das Kulinarische eine Rolle. Daher suchten wir uns immer wieder andere Lokalitäten. Bis nach Würzburg führten uns unsere Wege. Albrechts lebhafte Schilderungen und Kommentare fehlen bei unseren jetzigen Viererrunden sehr. Aber auch an die vielen gemeinsamen Feste im Kreise der Fünfe mit unseren Ehefrauen denke ich gerne zurück.

Für mich war Albrecht Dexler ein Mensch, der immer für andere da war: Aufrichtig, Ruhe ausstrahlend, sich nicht in den Vordergrund drängend. Die Ellenbogen setzte er selten oder nie ein. Vielleicht hätte er es ruhig öfter tun sollen. Albrecht war stets zu Gesprächen bereit und immer auf positive Konfliktlösungen bedacht. Mit Albrecht verlor ich einen Freund - ich kann sogar sagen, meinen besten Freund. Die Gespräche mit ihm vermisse ich sehr.

Karl-Eugen Schlapp

Aus den Erinnerungen eines Darmstädter Buchhändlers

Es war am 30. Juni 2006, der Tag, an dem ich mich nach 45-jähriger Tätigkeit als Buchhändler in Darmstadt endgültig von meinen Kunden und von der Buchhandlung, die ich 45 Jahre geprägt und geführt habe – in den letzten 19 Jahren in einer schönen Zusammenarbeit mit meinem Sohn Eckart – verabschiedet habe.

Unter den Gästen und Freunden des Abschiedsempfanges war auch Albrecht Dexler, der Geschäftsführer der *Gesellschaft Hessischer Literaturfreunde e.V.* Ihm konnte ich eine Rarität überreichen: Herbert Heckmanns *Die Sieben Todsünden* mit Zeichnungen von Arthur Fauser, 1965 von der *Gesellschaft Hessischer Literaturfreunde* publiziert und von Heckmann bei der Buchvorstellung am 4. Mai 1965 signiert.

Karl Eugen Schlapp und Albrecht Dexler

Herbert Heckmann (1930 - 1999) hatten wir zu einer Lesung in die Buchhandlung eingeladen. Er war damals noch ein junger Schriftsteller, der 1963 den Bremer Literaturpreis bekommen hat; 1984 bis 1996 war er Präsident der *Deutschen Akademie für Sprache und Dichtung*. So führte auch der damalige Geschäftsführer der Gesellschaft, Dr. Ekkehard Born (1914 - 1994), den Autor ein. Zu Beginn seiner Lesung ging Heckmann gleich einer der sieben Todsünden zu Leibe, der Völlerei, und abschließend fand er, eine weitere Todsünde sei absolut nicht fehl am Platze: *die Faulheit, deren Dämon die Welt nicht der Mühe eines sauberen Hemdes für wert hält, geschweige denn der Besteigung einer Hose* (4. Mai 1965).

Diese Veranstaltung war gleichzeitig auch der Beginn einer langjährigen schönen und fruchtbaren Zusammenarbeit mit den *Hessischen Literaturfreunden*, ihren Geschäftsführern Dr. Ekkehard Born und Albrecht Dexler, ihren Vorsitzenden und Mitarbeitern in vielfältigen Funktionen.

Die Gesellschaft hat 1963 Gabriele Wohmanns zweiten Erzählungsband *Trinken ist das Herrlichste* veröffentlicht, mit Illustrationen von Eberhard Schlotter. Zu unserem zweiten Autorenabend haben wir die Darmstädter Autorin zu einer ihrer ersten Lesungen eingeladen. Sie präsentierte sich vor einem vorwiegend jungen Publikum als scharfe Analytikerin modernen Lebensgefühls des braven Durchschnittsbürgers (24. September 1965).

Ernst Kreuder (1903-1972), den in der Kaisermühle im Mühltal etwas zurückgezogen lebenden Büchnerpreisträger des Jahres 1953 haben wir mit seinem von der Gesellschaft publizierten Band *Tunnel zu vermieten* vorgestellt. Mit seiner Lust am Fabulieren las er die beiden Grotesken *Der Mann, der nicht mehr lachen konnte* und *Wegen Überfüllung nicht geschlossen* (22. März 1968).

Von Fritz Deppert ist bei der *Gesellschaft Hessischer Literaturfreunde* sein erster Erzählungsband *Holzholen* erschienen. Diesen Texten galt seine erste offizielle Autorenlesung, gefolgt von vielen weiteren, auch bei den *Hessischen Literaturfreunden* und uns, und auch mehrere Publikationen (21. September 1970).

Oberbürgermeister Peter Benz hat ebenfalls 1995 aus dem ehemaligen Amerikahaus für die vielfältigen literarischen und kulturellen Aktivitäten in unserer Stadt mit dem „Literaturhaus Darmstadt" ein Zentrum geschaffen. So bezog auch die *Gesellschaft Hessischer Literaturfreunde* hier ihre Geschäftsräume und führt seitdem ihre Veranstaltungen im Auditorium des Hauses durch. Hier konnten wir über viele Jahre die Büchertische bedienen.

Zum 175-jährigen Jubiläum unserer Buchhandlung und zum 175. Todestag von Georg Büchner am 19. Februar 1987 haben wir den Künstler Leo Leonhard (1939-2011) beauftragt, Büchners und Weidigs Flugschrift *Der Hessische Landbote* zu illustrieren. Diese erste illustrierte Ausgabe wurde eine großformatige Mappe mit sechs farbig abgestuften Aquatinta-Radierungen. Bei einer Ausstellung sieht Albrecht Dexler in seiner Eröffnungsrede in der Illustration *die Chance zur Rückgewinnung der Aussagekraft eines Textes, der in unserer heutigen Welt in überaus überraschender Weise seine Aktualität nachweist ... In der Illustration erfährt der historische Text seine auf unser heutiges Verständnis bezogene Deutung. Die Auseinandersetzung des Betrachters mit ihr führt letztlich zur Entdeckung des zeitunabhängigen Gehalts der Textaussage, dessen unablässig andauernder Wirklichkeitsbezug vom unablässigen Andauern menschlicher Ausbeutung* und *Unterdrückung unleugbar zeugt.* (19. August 1987).

Zwei Jahre später haben wir zum 175. Geburtstag von Georg Büchner am 17. Oktober 1988 und zum 200-jährigen Jahrestag der Französischen Revolution am 14. Juli 1989 eine zweite Graphikedition veröffentlicht: Georg Büchners *Dantons Tod*.

Bei der Erarbeitung der Illustrationen führte Leo Leonhard vom 22. November 1987 bis 15. März 1988 ein Tagebuch; dieses veröffentlichte die *Gesellschaft Hessischer Literaturfreunde* auszugsweise mit einer Einführung von Albrecht Dexler. Die Präsentation dieses *Künstlertagebuchs zu ‚Dantons Tod'. Zeichnungen – Radierungen – Tagebuch* erfolgte im Rahmen einer Ausstellung mit Leonhards *Illustrationen zu Werken der Literatur* und seinen Skizzen, Entwürfen, Studien, Federzeichnungen, Radierungen und

Aufzeichnungen zu *Dantons Tod* (die intensive Einführung Albrecht Dexlers ist vollständig im zweiten Teil dieses Buchs abgedruckt).

Albrecht Dexler vermisste in der langen Reihe der von der Gesellschaft publizierten Veröffentlichungen zwei Darmstädter Namen: Richard Exner (1929-2008), den „Darmstädter Dichter aus Amerika", und Janheinz Jahn (1918-1973), den Vermittler neoafrikanischer Kulturen und Literaturen.

Darauf lud er zusammen mit der *DaPonte Gesellschaft* zu einer Matinee ein, bei der ich in einem Erinnerungsvortrag *Richard Exner - der deutsche Dichter aus Amerika* dessen Werk vorstellen durfte. Diese Gedenkstunde wurde auch zur Premiere von Exners letztem Lyrikband *Das ganze Leben. Späte Gedichte.*

Am 29. November 2010 hielt Albrecht Dexler im Literaturhaus seinen letzten Vortrag: *Durch afrikanische Türen - Janheinz Jahn und die Suche nach Afrikas Stimmen.* Auch diesen Text kann man in diesem Buch nachlesen.

Agnes Schmidt
Worte des Gedenkens

Auf der zweiten Etage des Darmstädter Literaturhauses sind seit Mitte der 1990er Jahre mehrere Bibliotheken und literarische Institutionen untergebracht, unter ihnen die *Goethe-* und *Lichtenberg-Gesellschaft*, die *Elisabeth-Langgässer-Gesellschaft* sowie die *Luise-Büchner-Bibliothek* bzw. die *Luise-Büchner-Gesellschaft*. Gleich vorne neben dem Treppenhaus befindet sich das Büro der *Gesellschaft Hessischer Literaturfreunde*. Dort residierte Albrecht Dexler viele Jahre lang und wir, Vertreter und Vertreterinnen dieser Vereine, trafen ihn häufig in seinem Büro an.

Aber nicht nur räumlich sind die oben genannten literarischen Gesellschaften miteinander verbunden, sondern auch inhaltlich: Alle unsere Autoren und Autorinnen, die durch uns vertreten werden, hatten Verbindungen zu Hessen und damit gehören wir und unsere Mitglieder eigentlich auch zu den hessischen Literaturfreunden. Auf dieser Grundlage ist in den vergangenen Jahren eine vielfältige Vernetzung entstanden. Eine Zusammenarbeit hängt jedoch meistens auch von den verantwortlichen Personen ab und Albrecht Dexler war die ideale Person für die Kooperation unserer Vereine im Literaturhaus.

Als ich ihm 2008 mein Buchprojekt mit Reisebeschreibungen von Darmstädterinnen vorstellte, war er sofort interessiert. Im Vorfeld der Veröffentlichung diskutierten wir oft über die Schwierigkeiten des Reisens, die im 19. Jahrhundert für Frauen bestanden, von der Kleidung angefangen bis zu Belästigungen von Postillionen, über Strassenzustände und die Anfänge der Eisenbahnfahrten von und nach Darmstadt. Sorgfältig korrigierte er meine Texte und machte Vorschläge für die Gestaltung des Buches. Mit seiner Hilfe ist das Buch *Darmstädterinnen unterwegs* sehr schön geworden.

Oft trafen wir uns auch an den Versammlungen des vom Hessischen Rundfunk und Hessischen Literaturrat gegründeten Gemeinschaftsprojekts „Literaturland Hessen" im Funkhaus am Dornbusch. Albrecht Dexler hatte auch dort konstruktive Vorschläge für neue Projekte und Veranstaltungen.

Leider konnte er an den Planungen für die Büchner-Gedenkjahre 2012/13 anlässlich von Georg Büchners 175. Todestag und seines 200. Geburtstags nicht mehr teilnehmen. Seine Vorschläge und Ideen fehlen dort ebenso, wie in der Darmstädter Literaturszene. Die Bücher allerdings, die mit seiner Hilfe in mehr als 20 Jahren Arbeit entstanden sind, sind in unseren Bibliotheken aufbewahrt und somit auch sein Andenken.

Corona Schmiele
Zugewandtheit zum Lebendigen

Nur wenige Male und jeweils kurz bin ich Albrecht Dexler begegnet, und wenn etwas mich berechtigt, mich dennoch über ihn zu äußern, so der Glaube, dass der erste Blick auf einen Menschen manchmal mehr erkennen lässt als die Routine des Umgangs: „coup de foudre" könnte auch, ganz allgemein, jener erhellende Blitz genannt werden, der uns im ersten Augenblick der Begegnung in einen Menschen hineinsehen lässt.

Albrecht Dexler war hauptberuflich Pädagoge. Aber was macht den begnadeten Pädagogen aus? Vielleicht, dass er mehr als Pädagoge, nicht in erster Linie Pädagoge ist, sondern aus einer persönlichen Leidenschaft lebt und von dieser Flamme etwas mitteilt. Eine solche Leidenschaft musste jeder spüren, der Albrecht Dexler auch nur kurz begegnete: nichts wurde gleichgültig berührt, und so wurde das Berührte unmittelbar lebendig. Die Dinge, so scheint mir, berührten ihn ihrerseits mit einem „coup de foudre" und so sah er blitzartig auf ihren Grund.

Konkret ging es in unserer Begegnung um ein Buch mit Texten Walter Schmieles, das ich zusammengestellt hatte und das die *Literaturfreunde* herausgeben wollten. Er hatte das Konvolut gelesen, und wir wollten uns darüber verständigen, was man eventuell herausnehmen könnte. Ich kam mit Vorschlägen. Das Konvolut enthielt ein Porträt des Abbé Galiani, das ich besonders liebte, das für mich programmatisch war und das ich daher an den Anfang gestellt hatte: es zeigte Galiani als einen Mann, der gewirkt hatte und bis heute wirkte, ohne doch eigentlich etwas Nennenswertes hinterlassen zu haben und in dem der Trieb, seine Spur zu verwischen und unterzutauchen stärker war als der, sich einen Namen zu machen oder etwas für die Unsterblichkeit zu tun. Besonders lieb war mir der darin zitierte Satz von Galiani, man müsse sich mit Lebendigem abgeben, nicht mit Sachen. Diesen Text hatte ich beschlossen zu opfern, schlug vor, ihn herauszunehmen, weil ich dachte, Galiani sei zu wenigen Lesern bekannt, und der Text dem

Interesse am Buch daher abträglich. Zu meinem Erstaunen aber erhob Albrecht Dexler sogleich vehement Einspruch: er nämlich kannte den Abbé Galiani und las gerade (angeregt wohl durch den Text) seine Briefe an Madame d'Epinay. Und, nach den Gründen gefragt, führte er genau das an, was mir selbst an dem Text gefiel. Er hatte bemerkt, dass er den Grundton der Sammlung anschlug, und er liebte die Noblesse der unehrgeizigen Figur, die nicht erst hochkommen musste, sondern von jeher, aber ganz ohne Hochmut, schon oben war, ihr Wirken ohne Werk, die leidenschaftliche Zugewandtheit zum Lebendigen. Und ich sah, nicht ohne Hochachtung: ich hatte es hier mit einem jener seltenen wirklichen Leser zu tun, denen Texte keine Sachen sind, keine tote Materie, sondern unmittelbar lebendig. Und wie er in Texten zu lesen verstand, so las er wohl auch in Menschen und erfasste sie mit lebendiger Sympathie.

Es gilt für Albrecht Dexler selbst vielleicht genau das, was er am Abbé Galiani bewunderte: das Wirken ohne eigentliches Werk. Er wusste etwas weiterzugeben, das fortwirkt, und zwar gerade durch sein Bedürfnis, nicht sich, sondern die lebendige Sache zur Geltung zu bringen, sei es ein Werk der bildenden Kunst, ein Text oder ein Mensch. – Es gibt wohl kein schöneres Sinnbild für dieses Weitergeben als das des Säens. Es impliziert, dass der, der weitergibt, keinerlei Garantie dafür hat, dass jemals eine Saat aufgeht; er weiß auch nicht, wohin er gesät hat, wann und wo, wenn eben überhaupt, seine Saat aufgeht, und lebt daher in einer Mischung aus Skepsis und Glauben, Bescheidenheit und Begeisterung. So empfand ich Albrecht Dexler und habe meinerseits das unbedingte Vertrauen, dass davon etwas weiterlebt.

Aart Veder
Albrecht Dexler

Mein Beruf als Schauspieler hat mir ein Engagement an das Staatstheater in Darmstadt beschert und der versteckte Charme dieser Stadt hat gleich Besitz von mir ergriffen. Eine ehemalige fürstliche Residenz mit einem Netzwerk, das in die ganze Welt ausstrahlt, ein eigenständiges künstlerisches Leben von Gewicht und viele eigenwillige Köpfe, die es beseelen.

Er war einer meiner Helden. Die Faszination war zunächst optisch. Der groß gewachsene Mann mit dem wunderbar vollen Haar, die aparte Frau an seiner Seite. Wo er auch auftauchte, konnte ich mich diesem Anblick nicht entziehen. Manchmal trug er auch verwegene Bärte, die immer perfekt zu ihm paßten. Wenn ich an der Reihe berühmter Persönlichkeiten der Literatur in der Etalage des Antiquariats Bläschke entlang gehe, gehört in meinen Gedanken sein Bild absolut dazu.

Offensichtlich hat Albrecht Dexler meine Art zu spielen gefallen, denn ich verdanke ihm eine ganze Reihe von Auftritten als Sprecher bei literarischen Veranstaltungen der *Gesellschaft der Hessischen Literaturfreunde*. Auf diesem Wege machte ich auch Bekanntschaft mit dem Essay über den englischen Dichter Swinburne in dem Band *Mit wenigen Strichen...* von Walter Schmiele, herausgegeben von Corona Schmiele. In einem Gespräch, das wir führten, schien gerade dieser Beitrag, den ich bei der Buchvorstellung lesen sollte, Albrecht Dexler besonders nachdenklich zu stimmen. Erzählt wird, daß Algernon Charles Swinburne, *der in einem kleinen normannischen Seebad mit Freunden herbstliche Tage* verlebte, ins Meer hinausschwimmend sich mit der Strömung weitab ins Offene treiben ließ. Französische Fischer retteten ihn, der dabei war, hinweggeführt zu werden *in die dunklen Schatten des Todes*. Es ist das letzte Buch der *Literaturfreunde*, das Albrecht Dexler als Geschäftsführer verantwortet hat.

Dieter Zeitz

Wer kennt wen?

Frau Diebitsch war zwei oder drei Jahre meine Mathematiklehrerin, als ich ein Jahr vor Kriegsende von der Grundschule auf das Gymnasium in Nidda wechselte. Später hatte ich sie nicht mehr als Lehrerin, aber immer Kontakt mit ihr. Sie war eine ungewöhnliche Person, war eine Persönlichkeit. Auch äußerlich. Sie hinkte stark und hatte eine dunkelrote Nase. Und eine starke Stimme. Sie war als Autorität anerkannt, aber nicht unbedingt beliebt. Für die Schüler war sie der „Feldwebel". Das war recht bildhaft und hatte wohl Gründe, war aber natürlich übertrieben. Sie war streng, ja doch, aber immer gerecht.

Erst später erfuhr ich mehr über sie. Sie hieß Helene wie meine Mutter, war Witwe, ihr Mann war offenbar ein Nachfolger des Herrn von Diebitsch, der in den Freiheitskriegen gegen Napoléon bei den Preußen eine Rolle spielte. Dass sie hinkte, ging auf eine Kinderlähmung zurück. Vor dem Krieg war sie Sportfliegerin und hatte sich ihre dunkelrote Nase wohl geholt, als sie einmal in offener Kabine in eine eisige Luftströmung geriet.

Ich selbst hatte nur einmal ein Problem mit ihr, vielmehr sie mit mir. Nach dem Krieg war sie zuständig für die Organisation der „Schulspeisung" am Gymnasium, Speisung für die, die es nötig hatten. Ich gehörte zu denen, die täglich die Speisung von der Küche in der Grundschule über eine kurze Strecke von etwa 300 Metern zum Gymnasium tragen mussten. Eines Tages schleppte ich mit einem anderen Schüler einen Bottich mit vielleicht 50 oder 60 Liter Kakao. Unterwegs rutschte meine Hand aus dem Henkelgriff, der Pott kippte um, die kostbare Brühe lief auf die Straße. Frau Diebitsch war wild. Meine Strafe: Ich durfte drei Wochen lang keine Schulspeisung mehr schleppen.

Wie einseitig das Feldwebel-Bild von ihr war, bekam ich in der Oberstufe mit, als ich erlebte, wie sie Schülerinnen und Schülern still, unauffällig und selbstlos aus ihren Nöten half, auch junge Kollegen unterstützte, die noch von ihren

Kriegserlebnissen psychisch gezeichnet waren. Eine tolle Frau, die Helene Diebitsch!

Und was hat das alles mit Albrecht Dexler zu tun? Geduld, das kommt gleich.

Nach dem Abitur verschlug es mich über Frankfurt und Gießen nach Darmstadt, wo ich ab 1961 an der Georg-Büchner-Schule unterrichtete. Eines Tages erfuhr ich, daß Frau Diebitsch auf eigenen Wunsch von Nidda nach Darmstadt versetzt wurde, an die Eleonorenschule. Natürlich hatten wir wieder lockeren, aber selbstverständlichen Kontakt, auch nach ihrer Pensionierung. Dann starb sie; das war 1983, da war sie knapp 80 Jahre alt.

Ich wußte, dass sie keiner christlichen Kirche angehörte. Wer würde die Predigt halten bei der Beisetzung? Als es so weit war in der Trauerfeier, trat eine gespannte Stille ein, eine lange Stille. Endlich stand einer auf und ging ans Rednerpult: Albrecht Dexler, der seit etwa vier Jahren Leiter der Eleonorenschule war. Er sprach behutsam, er sprach nachdenklich, er sprach mit warmer Stimme, er entwarf ein großartiges Bild von der Verstorbenen, so eindringlich, dass ich sie vor mir sah, wie ich sie seit langen Jahren kannte und schätzte. Nachdem ihr Mann gefallen war, floh sie aus Berlin mit ihren drei Kindern zu einer Verwandten nach Bad Salzhausen, ging nach Nidda ans Gymnasium, brachte die Schule nach Kriegsende zusammen mit einer Kollegin wieder in Gang. Er sprach von ihrem scheinbar widersprüchlichen Verhalten, von der harten Strenge und der menschlichen Güte und Hilfsbereitschaft, kurz, er schilderte ihr Leben und ihre Person lebendig, in kräftigen Farben, realistisch, aber auch liebevoll und einfühlsam, in allem zutreffend, und dann ging er still und bescheiden auf seine Bank zurück.

Nach der Beisetzung drückte ich Albrecht die Hand und bedankte mich für die wunderbare und treffende Würdigung der Verstorbenen. „Ich wusste gar nicht, lieber Albrecht, dass Du sie so gut kanntest." Er lächelte fast verschmitzt, das konnte er auch vor einem frischen Grab: „Ich kannte Frau Diebitsch überhaupt nicht, ich habe sie nie gesehen. Sie war ja seit vielen Jahren in Pension, als ich Schulleiter wurde an der Elo." Ich war total verblüfft, es verschlug mir fast die Sprache. „Und woher wusstest Du das alles, was Du gesagt hast?" - „Na klar, aus ihrer Personalakte. Die habe ich natürlich gründlich gelesen. Und ein wenig zugehört habe ich schon, wenn die älteren Kollegen und Kolleginnen von ihr sprachen."

Albrecht Dexler hatte die Gabe, auch zwischen den Zeilen zu lesen, sich einzufühlen in menschliche Schicksale. Ich habe es später immer wieder erlebt, wie Albrecht Dexler mit Empathie und menschlicher Wärme Distanz überwand. Die Trauerrede für Helene Diebitsch war ein Musterbeispiel. - Es war dies nicht die einzige Gabe, die ihn sympathisch und liebenswert machte. Knapp vier Jahrzehnte waren wir eng befreundet. Sein Tod hat unser Leben ärmer gemacht.

Wolfgang Zelmer

Austausch und Bereicherung

Meinen ersten Kontakt mit Albrecht Dexler hatte ich Anfang der achtziger Jahre in der Galerie Böhler anlässlich einer meiner Ausstellungseröffnungen. Er sprach mit mir über meine Bilder und seine ruhige, besonnene und kluge Art hat mich sofort beeindruckt. Wir sprachen über Kunst, Literatur und über Gott und die Welt, und ich bemerkte, wie viel er wusste und die Dinge richtig einordnen konnte.

Damals war ich noch ein unbekannter, junger Künstler, der trotz einiger Ausstellungserfolge doch noch mehr auf der Suche nach dem für mich richtigen künstlerischen Weg war. Deshalb halfen mir die Gespräche, die wir nach den verschiedenen Vernissagen im Parktheater oder Museum Schloss Lichtenberg noch im Hause Böhler bei einem Glas Wein führten, sehr bei der Findung und Definierung meiner zukünftigen Bildideen. Und nicht nur dabei, sondern auch bei der Findung meiner selbst.

Als ich nach meinem Umzug nach Italien und der Einrichtung meines Ateliers in Maremo einen Katalog über die dort neu entstandenen Arbeiten auflegen wollte, war ich auf der Suche nach einem Autor für das Vorwort. Da Albrecht Dexler meine Arbeiten nun über einen längeren Zeitraum begleitet und beobachtet und auch einige Male bei Ausstellungseröffnungen die Einführungsrede gehalten hatte, konnte er gut die Veränderungen erkennen, die sich durch meinen Ortswechsel nach Italien ergeben hatten.

So war es nicht verwunderlich, dass es mir in den Sinn kam, gerade ihn darum zu bitten, das Vorwort für den Katalog *Maremo Stilleben* zu gestalten.

Er sagte gerne zu und ich war sehr froh, als ich Ende 1986 das ausgezeichnete Vorwort für diesen Katalog in Händen hielt, der dann im Jahre 1987 erschien.

Über die Jahre hielten wir losen Kontakt, trafen uns bei verschiedenen Gelegenheiten in Bensheim und Frankfurt, und unser geistiger Austausch war immer eine Bereicherung. Seine bescheidene und kluge Menschlichkeit werde ich in guter Erinnerung bewahren.

Aus den
Reden und Schriften
von Albrecht Dexler

Bemerkungen zur Person des Bildhauers Gustav Seitz

Das Werk des Bildhauers Gustav Seitz steht als Gesamtheit im Spannungsfeld realistischer Traditionen des späten 19. und 20. Jahrhunderts sowie deren expressiven und abstrakten Gegenbewegungen. Dies nicht allein im Hinblick auf formale Zielsetzung und individuelle Eigentümlichkeiten seiner Objekte im Kontrast zu anders orientierten Zeittendenzen. Die Einstellung zur künstlerischen Formulierung der Wirklichkeit zeigt sich bei ihm als erklärte Bereitschaft zum Bildnis des Menschen als dem künstlerischen Thema schlechthin: die Entdeckung des Menschen für die Realität ästhetischer Erfahrung war ihm ein Leben lang vornehmste Aufgabe seines Schaffens.

Die Begründung dafür, daß hier weniger vom Werk als von der Person des Künstlers Gustav Seitz gesprochen wird, liegt in der exemplarischen Bedeutung seines Lebens für all jene Lebensläufe der ersten Hälfte unseres Jahrhunderts, in denen sich künstlerische Arbeit und Leistung notgedrungen als den widerstrebenden Zeittendenzen abgetrotzt darstellt.

Unwirtlich für die naturgemäß lang andauernde künstlerische Entwicklung eines Bildhauers war die Zeit, in der er, 1906 in Neckarau bei Mannheim geboren, nach einer Anfangsperiode als Putzerlehrling eine erste Bildhauerausbildung erfährt. 1926 bis 1932 ist er Schüler und Meisterschüler bei Wilhelm Gerstel. Hier werden ihm, in einer Zeit hektischer Neuerungen in allen Bereichen künstlerischer Aktivität, im erforderlichen Umfang die notwendigen handwerklichen und gestalterischen Fähigkeiten vermittelt, die, geprägt vom Überlieferten und Neuformulierten realistischer Konzeption, das für zukünftige Aufgaben befähigende Repertoire technischen und formalen Könnens im Grundsätzlichen bereitstellen.

1932 arbeitet er im Meisteratelier an der Preußischen Akademie der Künste in Berlin, nimmt an der bedeutenden Ausstellung „Deutsche Kunst der Gegenwart" teil, die von den Galerien Flechtheim und Cassirer zusammengestellt werden. - Unmittelbar nach der Ausstellung werden beide

Galeristen von den Nazis aus Deutschland vertrieben. Die Zeit des offenen Terrors gegen alle dem faschistischen System unliebsamen Erscheinungen auch im Bereich künstlerischer Produktion und Rezeption war angebrochen.

Weitere wichtige Stationen dieses Lebensabschnitts: Nach Reisen durch Griechenland, Ägypten und Ungarn, die ihn für die Folgezeit markante Eindrücke vermitteln, arbeitet Gustav Seitz an zwei Terrakottareliefs für das Olympiastadion, das um diese Zeit als monumentale Plattform für Hitlers olympisches Legitimationsspektakel in Berlin errichtet wird. Ist diese Tätigkeit als Zeichen der Anpassung des jungen Künstlers an ein Regime zu deuten, welches mit aller Unerbittlichkeit seines wahnwitzigen Totalitarismus jede offen erklärte freiheitliche oder humane Regung verfolgt?

Im gleichen Jahr zeigt er zusammen mit Arnold Bode, der später mit der von ihm ins Leben gerufenen *Documenta* in Kassel ein wirkungsvolles Podium für die Auseinandersetzung des westdeutschen Publikums mit der internationalen Kunstszene der Nachkriegszeit erfand, Arbeiten in einer kurz nach der Eröffnung verbotenen Ausstellung der Galerie Buchholz.

1943 - er ist zu dieser Zeit Soldat - ist er mit Arbeiten auf der von Baldur von Schirach, damals Reichsstatthalter und Gauleiter von Wien, veranstalteten Ausstellung „Junge deutsche Künstler der Gegenwart" vertreten, die nach zwei Wochen auf Betreiben von Goebbels geschlossen werden muß. - Der Reichspropagandaminister und oberste Kontrolleur jeglicher kulturellen Produktion denunzierte die Auswahl der rund 500 Objekte der Ausstellung als „entartet", zu wenig den vorgeschriebenen ideologischen Leitmarken der Partei verpflichtet: In eine Aktion interner Kulturopposition umgedeutet, wird die von Schirach protegierte Ausstellung rasches Objekt Goebbelsscher Kulturmonopolsicherung. Kunst dient auch hier zur Abgrenzung der Machtbereiche.

Für den Künstler Seitz bedeutet das Jahr 1943 unter anderem den Verlust aller bis dahin entstandenen Werke durch die Zerstörung seines Ateliers während eines Bombenangriffs. Das bedeutet eine harte, folgenschwere Zäsur in der Entwicklung eines individuellen Stils, macht doch der Verlust der Konfrontation mit dem bis dahin Gestalteten die Fortführung der Arbeit zu einem Neuanfang. - Die nachfolgende Zeitperiode zeigt für Gustav Seitz jedoch nicht die Zeichen der Resignation über den Verlust, sondern läßt eher etwas Gegenteiliges erkennen, die Chance eines Neubeginns wird konsequent ergriffen.

1947 erfolgt eine Berufung an die Hochschule für bildende Künste in Berlin-Charlottenburg, nachdem Seitz bereits 1946 einen Lehrstuhl für plastisches Gestalten an der dortigen Technischen Universität erhalten hatte. - Drei Jahre später wird er von beiden Lehrämtern suspendiert; er hatte sich unterstanden, die Mitgliedschaft der *Deutschen Akademie der Künste* in Berlin anzunehmen. Der Nationalpreis 3. Klasse der DDR war ihm verliehen worden, ohne daß er - westlichen Intentionen folgend - die Annahme abgelehnt hätte.

Hier wird sein Fall zum Vexierbild damaliger Ost-West-Konfrontation. Künstlerische Interessen erhalten ihre politische Perücke durch die Bestrafung der Annahme verbotener Auszeichnung. Kunst hat auch hier politischen Maximen sich unterzuordnen. So bestimmt es die sich kompetent fühlende Administration. Oder aber: Die Kunst ist frei, der Künstler aber hat sich den Direktiven der aktuellen Politik unterzuordnen.

In dieser fatalen Situation erschließt sich für die nächsten Jahre die Arbeit an der *Berliner Akademie der Künste* als eine Phase fruchtbarster Arbeit. Sie bringt ihn in Kontakt schöpferischer Auseinandersetzung mit dem Dichter Brecht. Hier entwickeln beide in kritischer Kontraposition prinzipieller Übereinstimmung in Theorie und praktischer Realisation den Realismus weiter aus. Dies in einer Zeit, die im Bereich der heutigen BRD durch eine euphorische Erklärung für die abstrakte Kunst als der zukünftigen generell markiert wird.

Aus dieser Zeit stammt die Maske des Dichters, die im Foyer der Brechtschule einen Platz gefunden hat. Als Porträt ein Versuch, nicht mehr zu rechter Zeit realisiert. Brecht starb, noch bevor Seitz ein geplantes Bildnis gestalten konnte. Die Maske - wie einige weitere Arbeiten zu diesem Thema - entstand erst nach Brechts Tod.

Die Situation bezüglich seiner kulturpolitischen Orientierung normalisiert sich erst mit der Berufung an die *Hamburger Akademie der bildenden Künste* im Jahre 1958. Er wird zum Lehrer und übernimmt damit einen ihn zutiefst erfüllenden Auftrag. - Seine letzten Lebensjahre sind ausgefüllt mit Reisen und einer Arbeit, die ihm, wie von Anfang an, permanente Auseinandersetzung mit der menschlichen Figur bedeutet, Wirken an der Hervorbringung eines Menschenbildes, das erst durch das Werk des Künstlers sichtbar werden kann.

1969 ist Gustav Seitz im Alter von 63 Jahren gestorben.

Zur Ausstellung der Bronzemaske des Dichters Bertolt Brecht
im Foyer der Bertolt-Brecht-Schule in Darmstadt

Quelle: Bertolt-Brecht-Schule, Darmstadt 1978

75 Jahre
Eleonorenschule
1911 - 1986

Mit der Wiederkehr des Jahrestages der feierlichen Einweihung der Eleonorenschule vor fünfundsiebzig Jahren begeht die Theatergruppe der Schule das Jubiläum ihres zehnjährigen Bestehens. Rückblickend auf diese Jahre vielfältiger Mühen und Erfolge bekräftige ich die Hoffnung auf eine ebenso ertragreiche Fortführung der Schultheaterarbeit, wie sie im Kreis der Freunde der Theatergruppe in Kollegium und Schülerschaft, bei Eltern und den vielen auswärtigen Interessenten und Besuchern gehegt werden, die unserem Haus und seiner Arbeit seit langem verbunden sind.

Sich im Spiel in einen anderen zu verwandeln, und sei es auch nur in den, der unserer Vorstellung entspricht, die wir von unserem idealisierten Selbst gewonnen haben, wirkt auf uns alle - in besonderem Maße auf den jugendlichen Menschen - unzweifelhaft faszinierend. Hier, im Grenzland zwischen möglichem, vorläufigem und wirklichem Sein, trifft sich im Bereich der Schule allgemein menschliche Eigenart mit besonderem pädagogischen Anliegen. Das Schlüpfen in die Rolle eines anderen wird für den Spielenden zum Akt der Erfahrung und Aneignung von Wirklichkeit, die bislang noch außerhalb der eigenen Lebenssphäre verborgen ruhte, vielleicht aber auch in ihrer speziellen Gestalt noch nicht ins eigene Leben eingebracht werden durfte.

So versuchen sich das Kind und der Jugendliche immer wieder in der Rolle der Erwachsenen, greifen über sich hinaus in die Welt des „eigentlichen Lebens", des allen Zwängen der Jugendlichen Jahre ledigen Erwachsenseins, das unbeschwert und verlockend vor ihnen liegt. Der Unterricht sucht diese Dispositionen fruchtbar zu machen. Rollenspiel wird zur erzieherischen Hilfe. -Anders das Spiel auf der Schulbühne, nach feierlich geöffnetem Vorhang, nach dem Zeremoniell also, das zur ernsthaften Bühnenaktion gehört: Es unterliegt ästhetischen Intentionen uneingeschränkt.

So ist das Ziel der Bemühungen unserer Theatergruppe das Spiel ohne Entschuldigung. Dem hohen Anspruch setzen die Gegebenheiten Grenzen; ungern wird Die Grenze hingenommen, nicht aus Erleichterung, bestenfalls als nicht vermeidbar. Hierbei kommen die altersspezifischen Eigenarten des Spielenden ins Bild und ins Geschehen. Stets bleibt es Theater der Jugend, bleibt Theater für die Jugend insbesondere dann, wenn es diese selbst zum Gegenstand hat. - Als Bestandteil des aktiven Lebens der Schule hat die Arbeit der Theatergruppe sich zu einem wesentlichen Faktor entwickelt. Die vorliegende kleine Publikation möchte über die Geschichte dieser Entwicklung Auskunft geben. Ich wünsche ihr hierbei viel Erfolg: viele Leser!

Quelle: Dokumentation 35 Jahre Theatergruppe Eleonorenschule, hrsg. von Jürgen Geikowski, Darmstadt 2011

Maremo-Stilleben von Wolfgang Zelmer

Stilleben und Stillebenhaftes stehen jetzt schon seit über zehn Jahren im Mittelpunkt des künstlerischen Schaffens Wolfgang Zelmers. Im Verlauf der Jahre 1985 und 1986 erhält das Stillebenmotiv über seinen seitherigen Rang hinaus einen exponierten Stellenwert im Konzert bildnerischer Verwirklichungen. Es wird phasenweise zum zentralen Bildmotiv überhaupt und gibt vorteilhaft Anlaß und Spielraum zu substantiell grundlegender Weiterentwicklung der Zelmerschen Bildsprache.

Hat zu Beginn dieses Prozesses die verstärkte Tendenz zu monochromer Farbigkeit die Palette asketisch reduziert, und war durch diese disziplinierende Beschränkung der gestalterischen Mittel die intensive Auseinandersetzung mit der tektonischen Struktur des in wenigen Valeurs organisierten Stilleben- und Landschaftsmotivs möglich, so zeigt das Bild der nachfolgenden Zeit allmählich wieder eine Verbreiterung der Farbskala in Einklang mit der jetzt um die Collage erweiterten Bildtechnik.

Die vorwiegend einem Formrepertoire mehr oder weniger alltäglicher Herkunft gestalteten Stilleben werden über die seither gebräuchlichen Schriftelemente hinaus um ein neues komplettiert: Zur Schrift als Mitteilung des Künstlers oder als kalligrafischer Struktur von überwiegend formaler Bedeutung tritt vorgefundener Text in Gestalt von Schriftsätzen, Briefseiten oder zerfetzten Briefumschlägen, die als Bildzeichen von enormer Authentizität ins Formenensemble der gemalten oder gezeichneten einmontiert werden.

Das Neue sind lokalisierbare Botschaften, gewissermaßen Nachrichten historischen Ursprungs: authentische Lebenszeichen verschiedener Generationen unseres Jahrhunderts, als poetische Signale vom Künstler erneut aktualisiert, nachdem er sie aus den Winkeln einer aufgelassenen Dorfmühle hervorgezogen hat.

„Maremo" ist ein ins ligurische Oberitalien verweisendes Stichwort, das wiederholt im Kontext der Bildobjekte auftaucht. Was im Bild zur vieldeutigen ästhetischen Nachricht

Vanitas-Stilleben, 1986

transformiert ist, trägt parallel hierzu biographische Bedeutung mit sich. Schon vor Jahren hat sich Wolfgang Zelmer im Gebiet der Gemeinde Casanova Lerrone das Dörfchen Maremo als zweite Heimat erwählt. Hier wohnt und arbeitet er in einem ehemaligen Bauernhaus, hoch oben über dem Tal des Lerrone, in einem ländlichen Domizil, das, einstmals für Bedürfnisse von bäuerlicher Genügsamkeit ausgelegt, heute vom Künstler keineswegs nur wegen des Kontrastes zum Münchner Stadtatelier regelmäßig aufgesucht wird.

Hier und in der näheren Umgebung wachsen die vielfältigen Früchte des Landes, wie sie uns in den in diesem Band vorgestellten Arbeiten immer wieder begegnen: Feigen und Äpfel, Birnen und Kirschen, Kaki, Trauben, Zitronen, Karotten und Pfirsiche bilden ein klassisch anmutendes Repertoire bukolischer Verweise. Ihre exemplarische Erscheinung signalisiert in der Szenerie des Bildes eine Natur, die weit über die Trivialität des Lebensmittels hinausreicht.

Die Früchte der Erde stehen für sich, entkleidet der Massenhaftigkeit ihrer Erscheinung in der zeitgenössischen Konsumwelt, und sie stehen für all das, was die Erde belebt und von ihr hervorgebracht wird. - Dazu gesellen sich die Früchte des nahen Meeres: Fische und Muscheln, Langusten und weiteres Seegetier, als die Boten des anderen Elementarbereichs. - Was sich als Beute des Vogeljägers zeigt, seiner lebendigen Schönheit beraubt, die auf den Drahtring aufgezogenen Singvögel, allein oder zu mehreren mit anderen Gegenständen choreographiert, repräsentiert das dritte Element, die Luft, verweist auf dieses Element noch im Stadium beginnenden Verfalls. Und wird damit, stärker noch als die verwelkenden Blüten und Blätter, zum eindringlichen Vanitas-Symbol.

Der persönlichen Ikonographie des Künstlers entstammen überwiegend verhalten eingesetzte Signale. Was in den früheren Jahren viel Raum einnahm und das Werk unverwechselbar akzentuierte, das Schachbrett, der Dominostein, die Zielscheibe, der Kegel, die Spielkarte, um die wichtigsten zu nennen, wird jetzt zurückhaltend, ja fast karg angemerkt. So verweist z. B. im Arrangement von Kirschen und Kakifrucht das schwarz-weiße Raster eines Schach-

Kaki, 1985

bretts die Naturform hart kontrastierend ausdrücklich auf den Homo Ludens hin, auf die sich im Spiel verwirklichende rationale Dimension der menschlichen Existenz. *Das Schachbrett versinnbildlicht fast perfekt den Menschen und der Menschheit Kampf.* So faßt Hans Habe die Bedeutung dieses Zeichens zusammen. *Fast, weil das Spiel der Menschheit nie beendet ist, die besiegten Engel ziehen sich nur zurück, die schwarzen und die weißen, verlorene Schlachten, keine verlorenen Kriege, der Krieg geht weiter. In der nächsten Schlacht stehen sich wieder schwarze und weiße Engel gegenüber.*

In ihrer besonderen Vielschichtigkeit nehmen Wolfgang Zelmers Frucht- und Blumenstücke, seine Jagd- und Vanitas-Stilleben klassische Tendenzen der Darstellung auf. Die Bildidee konstituiert sich innerhalb seiner elementaren Erfahrung der sinnlich faßbaren Wirklichkeit der Dinge.

Im stets handwerklich brillant verwirklichten Objekt - bei aller Perfektion der Technik weiß Zelmer, gleichgültig ob in Mischtechnik, Aquarell, Kreidezeichnung oder farbiger Radierung arbeitend, routiniertes Virtuosentum weise zu vermeiden - stellt sich Modernität - das ist der Kunstwert des Werkes auf unsere Gegenwart bezogen - zwanglos her. Verfremdende Elemente konkretisieren die Wahrheit, sie verstellen sie nicht. Die behutsame Achtung vor dem Geschöpf der belebten Natur im Spannungsfeld menschlicher Existenz ist Ausdruck der Einstellung des Künstlers zu den Fragen des heutigen Lebens. In der Vitalität seiner künstlerischen Reaktionen erweist er sich den ihm gestellten Aufgaben auf überzeugende Weise gewachsen.

Quelle: Wolfgang Zelmer *Maremo-Stilleben* Immenstadt 1987
Graphische Betriebe Eberl

Abbildungen mit freundlicher Genehmigung von Wolfgang Zelmer
Fotos: Vincent-München

Jagdstilleben mit toten Vögeln, 1986

Christian Schad
im Kunst- & Auktionshaus Poorhosaini

Sehr geehrte Frau Schad,
sehr geehrte Damen und Herren,
liebe Kunstfreunde,

als am 24. Februar 1982 der Maler und Graphiker Christian Schad in Stuttgart starb, ging ein Leben zu Ende, das, am 21. August 1984 in Miesbach in Oberbayern begonnen, die wesentlichen Stationen der deutschen Geschichte der letzten achtzig bis knapp neunzig Jahre auf eigentümliche Weise reflektiert: Von vielen entscheidenden Wendungen betroffen, zeigt sich in diesem Künstler die Fähigkeit zu einer weitgehend autonomen Persönlichkeitsbildung von früh an, die auch noch in problematischsten Phasen des weiteren Lebens ihr Charakteristikum beibehält.

Nach einem auf eigenen Wunsch mit achtzehn Jahren beendeten Schulbesuch erprobt Christian Schad für die Dauer von zwei Semestern in München die klassische Ausbildung des Künstlers an einer Akademie; er beendet sie, als ihm klar wird, daß hier weder seinen Interessen noch seinen Fähigkeiten Rechnung getragen wurde. Er verläßt die Malklasse Heinrich von Zügels, geht nach Holland und kehrt aus naheliegenden Gründen nach Ausbruch des Krieges alsbald nach München zurück. Als nicht felddiensttauglich aber kurierbar, wird er zur Wiederherstellung zu einem Kuraufenthalt in die Schweiz geschickt. In Zürich läßt er sich nieder. Hier beginnt seine Zusammenarbeit mit einer Gruppe kritischer Geister, die wenig später zu Akteuren der Züricher und Genfer Dada-Ereignisse werden.

Leonhard Frank, Hugo Ball, Emmy Hennings, Hans Arp, Tristan Tzara und Ludwig Rubiner, vor allem aber der alsbald zu einem Freund gewordene Dr. Walter Serner, der eigentliche „Kopf" der Dada-Unternehmungen, seien hier genannt. Sie sind die Weggefährten der Jahre in der Schweizer Emigration. Sie bilden mit einigen anderen die Emigrantengesellschaft, die, mehr oder weniger isoliert von gesellschaftlichem Kontakt zur schweizerischen Bürgerlichkeit, an der Herausbildung eines neuen ästhetischen Entwurfs auf experimenteller Basis arbeitet.

Hat sich Christian Schad in seinen frühen Arbeiten der aktuellen Mittel einer am rezenten Expressionismus orientierten Bildstruktur bedient – die in dieser Ausstellung präsentierte Graphik zeigt in den in diesem Raum hängenden Arbeiten zum großen Teil Werke der Züricher und Genfer Zeit - so wird - was hier nicht ins Bild gesetzt werden sollte - die aktive Mitarbeit an Dada zum Anlaß der Entstehung einer Gruppe von plastischen Werken: Dadaistische Holzreliefs und die Erfindung der (wie Tristan Tzara sie später in Paris nannte) „Schadographien".

In unserer Ausstellung wird, wie bereits gesagt, diese Zeit schwerpunktmäßig durch die kleinformatigen Holzschnitte repräsentiert, die hier zum größeren Teil als Handdrucke des Künstlers vorliegen. Der Druck ist also in manueller Arbeit durch den Künstler ohne Hilfe der Druckpresse ausgeführt worden. In klassischer Manier hat Christian Schad Abzug um Abzug selbst ausgeführt, indem er auf die eingefärbte Druckplatte ein Papier legte und von der Rückseite des Druckbogens her mit einem hölzernen Reiber die Farbe auf das Papier abrieb. Die Ergebnisse bestehen noch heute jede kritische Untersuchung. Wie in der handwerklichen Ausführung des Druckstocks ist die Perfektion in der Technik des Druckens durch Abreiben unübersehbar.

Hier wird etwas Prinzipielles sichtbar, wie er es sein ganzes Künstlerleben hindurch beibehalten hat: Unabhängig vom jeweiligen ästhetischen Anliegen zielt die formale und handwerklich-technische Realisierung auf eine möglichst klare, in sich absolut stimmige Lösung, die konsequenterweise bis ins hohe Alter erreicht wurde. - Trotz aller kritischen Distanz zur akademischen Kultur haben die Arbeiten der Jahre um den ersten Weltkrieg bereits den gleichen hohen Grad an gewissenhafter Ausführung erreicht, die charakteristisch für den soliden Gestalter ist, der sich stets seiner Verpflichtung bewußt bleibt. Ist die Gefahr einer Erstarrung der Form durch ein hohes Maß an Prägnanz der Detaillösung erreicht, so geht der Künstler alsbald über die bewußte Auflockerung in einer neuen Richtung weiter. Die Perfektion der Bildlösung trägt die Tendenz zur Verselbständigung in sich. Selten jedoch überläßt sich Schad bravouröser Routine.

Kreuzigung – eine Arbeit von 1915 – belegt die frühe Phase der Holzschnittgraphik mit einem religiös thematisierten Objekt auf für die damalige Zeit bezeichnende Weise, war doch das metaphysisch-religiöse Thema dem frühen Expressionismus wesentlich zu eigen. – Das zwei Jahre früher entstandene Blatt *Illustration* lebt noch voll aus der expressiven Gebärde, die in den Jahren 1916 und 1917 zunehmend durch Hereinnahme kubistischer Formmerkmale verändert wird.

Als besondere Beispiele seien hier das Selbstbildnis aus der Züricher Zeit und die Porträts *Mrs. de Marville* und *Leonhard Frank* angesprochen. Ein Blick auf die in den gleichen Jahren entstandenen Arbeiten zeigt uns die Distanz des Künstlers zu Fragen sozialer oder politischer Parteinahme. Schad blieb bis zum Ende seines Lebens ein Skeptiker gegenüber einer vielfach behaupteten gesellschaftlichen Veränderungsmöglichkeit durch Kunst. Von daher ist auch nicht zu verwundern, daß er jedem echten Versuch einer Vereinnahmung durch ein gleichwie geartetes Engagement einer Gruppe widerstand. Seine Mitarbeit bei den Dadaisten führte nicht zum Konformismus; er blieb letztlich doch der Unabhängige, der er von Anfang an gewesen war.

Gemeinsamkeiten mit anderen fanden sich bei der Arbeit für die zwischen 1913 und 1917 regelmäßig erscheinenden Graphiken für die Zeitschriften *Die Aktion* (Berlin), *Die weißen Blätter* (Leipzig) und *Sirius*, die er gemeinsam mit Serner herausgab: Analogien der Bildsprache, wie sie die Nachrichten über ästhetische Neuerungen in dieser Zeit mit sich brachten.

Folgen wir den hier präsentierten Objekten, so führt uns die Tuschzeichnung *Das kristallisierte Ich* von 1923 in die Phase der 20er Jahre, in denen das Stichwort „Sachlichkeit" leitmotivisch wurde. Für Schad wurde es Programm, ließ die expressive Gebärde als phrasenhaftes Überbleibsel einer abgelebten Zeit rasch verklingen. Die Zeit der großen Malereien im Sinne des Magischen Realismus sei hier übersprungen; sie ist nicht Gegenstand der Ausstellung. Was folgte auf die 20er Jahre? Jahre der Stille. Für Schad eine keineswegs begrüßte Ära der nationalsozialistischen Herrschaft, die zwar nicht zu einer unmittelbaren Bedrohung führte, den auf Unabhängigkeit eingestellten Geist aber in die innere Emigration eines unauffällig lebenden Volksgenossen zwang. Keine Mitgliedschaft in der Ausstellung *Entartete Kunst*. Statt dessen wiederholte Teilnahme an Ausstellungen des Vereins Berliner Künstler, bis die Bomben das Berliner Atelier unbrauchbar werden ließen. - Aschaffenburg bietet in den Jahren 1943 bis 1947 Gelegenheit, Grünewalds Stuppacher *Madonna* zu kopieren. Schad ist dieser Aufgabe glänzend gewachsen.

Der Künstler übersiedelt nach Aschaffenburg, 1962 dann nach Keilberg. Arbeitsaufenthalte in verschiedenen europäischen Regionen werden nach Möglichkeit beibehalten. Sie bieten Gelegenheit zu Arbeiten wie den 1959 entstandenen Monotypien *Die Bärtige*, *Die Dicke*, *Giuseppa* und *Der Kartenspieler*, welche während seines Aufenthaltes in der Nähe von Neapel entstehen oder nach Reiseskizzen im heimatlichen Atelier gestaltet werden.

Ein weiteres Reiseprodukt ist z. B. das Blatt *Marianne*, zu der eine arrogant und zickig auftretende Leiterin einer Parisreise vermutlich unfreiwillig das für Schad mit seltener Schärfe kommentierte Modell abgab.

In die Zeit der späten 50er Jahre fällt die Hinwendung zur farbigen Graphik, die Schad vor vielfältige und reizvolle Aufgaben stellt. Der farbige Linolschnitt, die Radierung, der Holzschnitt und die Lithographie stehen ihm zu Gebote und werden in der ihm eigenen Konsequenz genutzt. Hier sei insbesondere auf die Farblinolschnitte *Villon und seine dicke Margot* verwiesen (1967), auf das Querformat *Rote Nixen und grüner Faun* von 1965, sowie auf die Blätter *Der Matrose* (2. Fassung 1958), den Farbholzschnitt *Seeräuber* (1955), *Montmartre* von 1955 wie auch auf das Blatt *Burano* von 1961, an dem jener Grad an Abstraktion der Naturform besticht, der den realen Sachverhalt der lokalen Situation verdeutlicht, indem in ein dem natürlichen Motiv äquivalentes Gefüge überführt wird, das – von graphischen Energien belebt – das beabsichtigte ästhetische Erlebnis ermöglicht.

Gestatten Sie mir abschließend noch einen Hinweis auf das 1939 entstandene Blatt *Enzian III*, einer Tuschpinselzeichnung auf Chinapapier: Im graphischen Duktus wird eine innere Beziehung zum Fernen Osten transparent, die symptomatisch für die Zeit erzwungener Innerlichkeit ist. Eine von vielen Generationsgenossen geteilte Auseinandersetzung mit der Gedankenwelt des Ostens führte zu parallelen Ansätzen, zu denen auch *Kahler Ast* von 1937 zu zählen ist.

Rede zur Eröffnung der Ausstellung am 11. Dezember 1987; Typoskript

Leo Leonhard
Der Hessische Landbote

Im Gedenken an den 150. Todestag Georg Büchners kam es im Verlauf dieses Jahres in unsrer näheren Heimat zu verschiedenen kulturellen Ereignissen besonderer Art: Eine Theateraufführung in der HEAG-Halle hier in Griesheim, eine gewichtige Ausstellung gegenwärtig auf der Darmstädter Mathildenhöhe, Vorträge und Lesungen, das Erscheinen eines Bandes *Gesammelte Schriften* von Friedrich Ludwig Weidig bei der *Gesellschaft Hessischer Literaturfreunde* und nicht zuletzt die Herausgabe einer in Vergrößerung erscheinenden Faksimile-Ausgabe des *Hessischen Landboten* anlässlich des 150jährigen Firmenjubiläums der Buchhandlung H. L. Schlapp in Darmstadt, in Verbindung mit einer Serie von 6 Illustrationen aus der Hand des Bergsträßer Künstlers Leo Leonhard zu eben dieser subversiven Schrift von Büchner / Weidig.

153 Jahre nach Erscheinen des Erstdrucks kommt es zu einer Prachtausgabe mit der exquisiten Dreingabe der Illustrationen. - Entgegen der vielfältigen Praxis illustrierter Flugschriften vergangener Jahrhunderte verzichteten Büchner / Weidig auf die Anschaulichkeit einer ins Bild gesetzten Polemik. Die Darmstädter Ausgabe des Jahres 1987 glänzt im großen Format; in ihrer luxuriösen Aufmachung verweist sie auf die Tatsache, daß ihr ureigener Anlaß, die gesellschaftlichen Unerträglichkeiten des nachnapoleonischen Großherzogtums Hessen, längst abgelebt ist. Mit dem Verlust unmittelbarer Aktualität scheint die Schrift reif zu sein, eine kommode Dekoration abzugeben, gekoppelt mit dem Flair des politischen Undergrounds unserer Altvordernzeit. Eine Angelegenheit für Liebhaber schöner Dinge.

Entgegen dieser Meinung, die so oder ähnlich von Kritikern des Buchunternehmens geäußert wurde, sehe ich in Leonhards Illustration eine Chance zur Zurückgewinnung der Aussagekraft eines Textes, der in unserer heutigen Welt in überaus überraschender Weise seine Aktualität nachweist. - Wie Dieter Zeitz anlässlich der öffentlichen Vorstellung der

Neuausgabe ausführte, *gilt das Grundsätzliche* (des *Hessischen Landboten*) *natürlich heute noch, in vielen und in weiten Teilen der Welt, im großen wie im kleinen. Die Formen mögen sich geändert haben seit 1834, aber in irgendeiner Gestalt geht immer noch ein Reicher mit der Fuchtel in der Faust hinter dem Bauern mit dem Pflug her; ist die Justiz immer noch eine Hure der Mächtigen; kriegen die Söhne immer noch einen bunten Rock um den Leib und dürfen ein bißchen blind schießen und ein bißchen blind sterben; werden immer noch Puppen an Drähten gezogen und merken es nicht; beten die Menschen immer noch ein Krokodil an, das sie zerreißt. Kurz, das Heil auf Erden ist durchaus noch*

nicht sehr nah, und die alten Sehnsüchte, sie sind noch lange nicht erfüllt, und es sieht so aus, als würden sie es nie.

In der Illustration erfährt der historische Text seine auf unser heutiges Verständnis bezogene Deutung. Die Auseinandersetzung des Betrachters mit ihr führt letztlich zur Entdeckung des zeitunabhängigen Gehalts der Textaussage, dessen unablässig andauernder Wirklichkeitsbezug vom unablässigen Andauern menschlicher Ausbeutung und Unterdrückung unleugbar zeugt.

Wie sind diese Illustrationen zu der ihnen zugewiesenen interpretierenden Funktion fähig? Welche Sprache ist ihnen zur Erfüllung dieser Aufgabe gegeben?

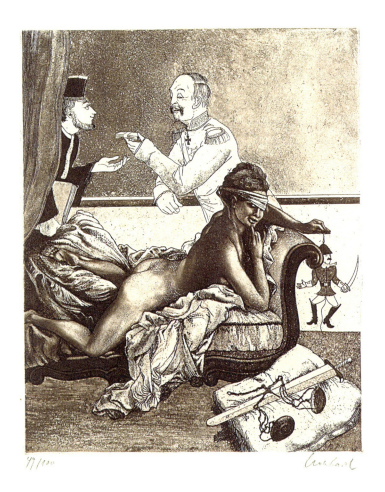

Leo Leonhard nutzt die schon lange klassisch gewordene Technik der Ätzradierung mit ihrer strukturellen Ausweitung durch die Aquatinta souverän, das heißt: gezügelt. Mit einem teilweise an das Formrepertoire biedermeierlicher Bilderbögen erinnernden Realistik schafft er Szenen, deren Anschaulichkeit und Prägnanz als kongeniale Verbildlichung wesentlicher Textabschnitte die Auseinandersetzung mit dem im Text Gemeinten evozieren. Dabei verzichtet Leonhard auf eine effektvolle Aktualisierung des Bildinhalts. Er hütet sich, dem zeitgenössischen Betrachter eine Brille aufzusetzen, die diesem das Denken abnehmen könnte, stößt ihn somit nicht mit der Nase auf die Sache, sondern setzt die Hoffnung auf die Erkenntnis schaffende Kraft seiner Bilder. Über deren dekorative und suggestive Wirkung hinaus ist die Gestaltung auf Auseinandersetzung mit der Darstellung angelegt. Leonhard führt Regie, wo Büchner und Weidig Verweise formulieren. Der Graphiker übernimmt damit die sonst dem Leser vorbehaltene Arbeit der Vergegenwärtigung des Textinhalts und macht dies zu einer sinnlich erfahrbaren Realität von durchdringender Wirksamkeit.

So zieht zum Beispiel die Obrigkeit den Beamten an Fäden, wie er selbst die unter ihm stehenden gleichsam als Marionetten führt. In lapidarer Einfachheit wird die gegenseitige Abhängigkeit hierarchischer Instanzen pointiert. - Die Dame Justitia hat ihr Gewand abgelegt, auch Schwert und Waage ruhen auf einem sanften Kissen. Die Insignien der Gerechtigkeit sind außer Kraft gesetzt und damit das, was sie repräsentieren. Die Unparteilichkeit ist einer kokettierenden Parteilichkeit gewichen: Sich in der Manier eines bekannten französischen Bildes des 18. Jahrhunderts auf dem Lotterbett des Fürsten räkelnd, läßt sie ihre Dienste von Serenissimus bezahlen, während sie bereits mit dem nächsten Kunden, dem Betrachter, eindeutige Blicke wechselt.

Für den Kunstfreund von besonderem Interesse, davon bin ich überzeugt, ist die Gestaltung jedes einzelnen Details, in dessen Zusammenwirken mit dem Bildganzen sich die Aussage konstituiert. Wer anders als der Künstler Leonhard selbst kann uns am besten Informationen aus erster Hand geben, wenn es darum geht, die wesentlichen gestalterischen Entscheidungen nachzuvollziehen. -

Gestatten Sie mir einige Anmerkungen zur Person des Künstlers, bevor wir ihn bitten wollen uns einige Geheimnisse seiner Gestaltung zu enthüllen.

Er ist in Leipzig geboren, legte 1958 in Dortmund das Abitur ab, studierte 1958 - 1961 Germanistik und absolvierte zwischen 1961 und 1964 ein künstlerisches Studium an der Kunstakademie in Düsseldorf. Nach Referendariat und Schuldienst, zuletzt als Studiendirektor am Studienseminar für das höhere Lehramt an Gymnasien, wurde er 1987 als Professor an die Mainzer Fachhochschule für Gestaltung berufen. Leo Leonhard ist Mitglied einer Reihe von Künstlervereinigungen, erhielt eine stattliche Anzahl von Auszeichnungen für seine graphischen Arbeiten. Er blickt heute auf eine mir nicht genau bekannte respektable Anzahl von Einzel- und Gruppenausstellungen zurück, die ihn im In- und Ausland als Graphiker, Büchermacher und Maler bekannt machten.

Jetzt darf ich ihn bitten, uns einmal darüber Auskunft zu geben, wie in seinen Illustrationen zum *Hessischen Landboten*, aber auch in seinem neuesten Blatt, das heute hier vorgestellt wird, die Möglichkeiten seiner Bildsprache in gestalterischer Hinsicht den Aussagegehalt präzisieren.

Rede zur Eröffnung der Ausstellung in der Griesheimer Bücherstube H.L.Schlapp; Typoskript

Georg Büchner, Friedrich Ludwig Weidig, *Der Hessische Landbote*, Mit einem Nachwort von Eckhart G. Franz und sechs Original-Radierungen von Leo Leonhard; Verlag H.L. Schlapp Darmstadt 1987

Leo Leonhard
Künstlertagebuch zu Dantons Tod

In seinem 1955 realisierten Dokumentarfilm *Le Mystère de Picasso* läßt Henri-Georges Clouzot erstmals ein öffentliches Publikum am Entstehungsprozeß der Malerei Pablo Picassos teilnehmen Die kinematographische Reproduktion lüftet den Schleier, der bis dahin das Geheimnis der Entstehung eines Kunstwerkes der Moderne unseren Blicken entzog. Im Filmerlebnis kommt es zu einem sensationellen Ereignis: Wir erhalten Einsicht in die Vorgehensweise des assoziativ-improvisierend malenden Meisters, wir sind dabei, wenn er sein Thema entwickelt, es wiederholt ändert, doch noch verwirft oder zu Ende bringt. Zumindest der visuell wahrnehmende Bereich des auf der Leinwand entstehenden Kunstwerks ist in seiner Entwicklung detailliert zu verfolgen, so, als seien wir als Besucher im Atelier anwesend und für eine gewisse Zeit mit dem Blick des Künstlers selbst begabt.

Das faszinierende Schauspiel eines furiosen Malprozesses wird kontrapunkthaft begleitet von Phasen höchster Konzentration auf elementare Farb- und Formgedanken. Dabei ist verschiedentlich der Maler selbst zu sehen, beobachtend, neu planend, ganz Auge und dann wieder ganz Hand, die eingreift, um Vorhandenes zu zerstören, um anders zu strukturieren und um wieder und wieder Farbe und Form zu dem noch niemals zuvor existierenden Kosmos eines neuen Kunstwerks zu organisieren.

Das Mißverständnis liegt nahe, zu glauben, das im Film Gezeigte sei schon das komplette Spiel, aus dem heraus die Kunst des großen Spaniers zum Ereignis wird. 175 hinterlassene Skizzenbücher verweisen auf das weite Feld der mit Fleiß und Leidenschaft betriebenen Vor-Arbeiten zu vielen Tausenden von verwirklichten oder nicht verwirklichten künstlerischen Gebilden. Hier ruht das zweite Geheimnis der Künstlerschaft: Die Vorerfahrung und die gediegene Reflexion bildnerischer Möglichkeiten verschafft die Instrumente, deren sich der künstlerische Geist in der Phase der Kunstausübung bedient. Auge und Hand sind ihm dann letztlich nur noch die ästhetisch sensibilisierten Organe, deren er bedarf, um seiner Vision sichtbare Gestalt zu verleihen.

Einblick zu geben in den Prozeß der ein künstlerisches Thema entwickelnden Vorarbeit und Reflexion ist die Bestimmung der hier vorgelegten Veröffentlichung von Künstlertagebuch und Studienmaterial des Malers und Graphikers Leo Leonhard zur Illustration von Georg Büchners Schauspiel *Dantons Tod*. Die den Tagebüchern von 1987 und 1988 entnommenen Auszüge enthalten üblicherweise Eintragungen, in denen er entweder die Tragfähigkeit geplanter Projekte reflektiert oder Wirkungen abgeschlossener Arbeiten abzuschätzen sucht.

Auf Anregung des Verlags H. L. Schlapp in Darmstadt beschäftigte sich Leonhard seit Mitte 1987 mit dem Projekt, Büchners *Dantons Tod* auf zweierlei Weise zu illustrieren: Zum einen als eine Serie von Federzeichnungen innerhalb einer bibliophilen Buchausgabe, zum anderen als einen radierten Zyklus innerhalb einer Graphikmappe. – Der 200. Jahrestag des Ausbruchs der Französischen Revolution am 14. Juli 1989 und der 175. Geburtstag Büchners am 17. Oktober 1988 waren die äußeren Anlässe für das Projekt.

Leo Leonhard sieht sich vor zwei sehr unterschiedliche Aufgaben gestellt, als aus seiner Sicht eine Illustrationsfolge, die in unmittelbarer Nachbarschaft zum Text steht, eine andere Funktion besitzt als eine Serie von Einzelblättern, die losgelöst vom Text als Mappenwerk ediert werden soll.

Im Buch bezieht sich die einzelne Illustration eng auf einen bestimmten Textabschnitt, den sie begleiten, ergänzen, konterkarieren, aktualisieren, kurz: mit graphischen Mitteln erhellen will. Der Illustrator schlüpft – besonders im Falle einer dramatischen Textvorlage – in die vergleichbare Rolle eines Regisseurs, der seine Figuren auf einer imaginären Bühne agieren läßt und in gezielt interpretatorischer Absicht Mimik, Gestik und Kleidung seiner Figuren sowie das Ambiente einzusetzen sucht. Die wichtigsten Ziele sind die Herausarbeitung eines fruchtbaren Momentes, die Charakterisierung der Hauptdarsteller und den Leser, der das Buch noch vor der eigentlichen Lektüre durchblättert, auf den Text neugierig zu machen. Aber auch nach der Lektüre soll die Illustration noch zum Dialog verleiten. In diesem Sinne kann der Illustrator über die genannten inhaltlichen Gegebenheiten hinaus seine gestalterischen Mittel wie gra-

Danton vor dem Tribunal

phische Techniken, die spezielle Stilisierung seiner Figuren und Verfremdungstechniken einsetzen.

Im zweiten Fall, dem Mappenwerk, handelt es sich, wie Leonhard es sieht, eher um eine Paraphrase mit graphischen Mitteln. Der Illustrator verfährt weniger textbegleitend als textübergreifend. Er verhält sich nicht so sehr wie ein Regisseur dem Text gegenüber, sondern eher wie ein Essayist, der mit seinen spezifischen Mitteln über thematische Zusammenhänge reflektiert bzw. diese umsetzt. Diese Aufgabe ist zweifellos die anspruchsvollere, und so ist es nicht verwunderlich, daß sich die im Tagebuch festgehaltenen Gedanken fast ausschließlich um die Konzeption des Radierzyklus drehen.

Unbeschadet jeglicher dekorativen Aufgabe, die das in den Buchtext eingerückte Bild seit Jahrhunderten auszeichnet, stellt die Illustration eines literarischen Werkes stets die Einmischung einer dritten Person in die Intimität des Dialogs zwischen Autor und Leser dar. Der Illustrator bezieht mehr oder weniger markant Position zum epischen, lyrischen oder dramatischen Vorgang des jeweiligen Textes, ohne daß wir Leser uns der Suggestivität der bildnerischen Vergegenwärtigung entziehen könnten. In unserer Bereitschaft zu angemessener Textaufnahme ist die möglichst umfassende Aktivierung unserer Vorstellungskraft eingeschlossen. Doch wo die Anschauung zur Stelle ist, verblaßt die Vorstellung allzu leicht. Die den Text konkretisierende Illustration erobert mit der Brillanz ihres Hier und Jetzt das Feld unserer Imaginationsfähigkeit. Wir beginnen mit den Augen des Illustrators zu sehen, unsere Lektüre wird mehr und mehr vom Geiste seines Textverständnisses geprägt.

Gern jedoch überläßt sich der Freund der Buchkunst dem geleitenden Blick des Zeichners. Dessen Einmischung akzeptierend, kultiviert er die Lektüre zu einem, die Texterfahrung intensivierenden Dialog mit dem Künstler. Dies gibt ihm die Freiheit - so er sie sucht - zu einer konträren Vorstellung, die eine von ihm nicht geschätzte illustrative Bildlösung zumindest als einen möglichen Weg beläßt, auch wenn er ihn selbst nicht zu gehen wünscht.

Mit der Veröffentlichung der Notizen aus dem Künstlertagebuch Leo Leonhards legen wir dem Literaturfreund das Material zur Auseinandersetzung mit den hier angesprochenen Fragen in die Hand. Das dem Leser und Kunstfreund unterbreitete Text- und Bildmaterial eröffnet die Chance zur Verfolgung des Entstehungsprozesses der Illustration, zur Reflexion ihrer Problematik und zur Beurteilung des Resultats. Insbesondere aber sei mit dieser Veröffentlichung die Möglichkeit gegeben, nachvollziehen zu können, wie sich ein Zeichner in der Auseinandersetzung mit einem wesentlichen Werk der dramatischen Literatur in seinem Künstlertum bewährt.

Um dem Leser zumindest einen groben Einblick in die reiche Facettierung der illustrativen Arbeiten Leo Leonhards zu geben, sei an dieser Stelle eine den Umständen gemäße gedrängte Darstellung seines bisherigen illustrativen Werkes angefügt. In ihm kommt der Technik der Radierung eine besondere Bedeutung zu. Sie ist die vornehmlich betriebene Form der Graphik, in der von Leonhard nicht nur die freien Äußerungen, sondern auch eine Vielzahl der mit einem dichterischen Text verbundenen Arbeiten verwirklicht wurden. - Nach den bisher unveröffentlichten 30 Bleistiftzeichnungen des Zyklus *Clarissens Wahn* (1968) zu Robert Musils Roman *Mann ohne Eigenschaften* und der Serie *Bloombella*, bestehend aus 12 Radierungen zum Circe-Kapitel des *Ulysses* von James Joyce, wird im selben Jahr eine Folge von 15 Radierungen zu Samuel Becketts Drama *Endspiel* abgeschlossen; 1971 folgt das großformatige Mappenwerk mit sechs Radierungen zu Ezra Pounds *Cantos*.

In dem 1974 ausgeführten Projekt zu Casanovas Erzählung *Christina* nutzt Leo Leonhard das Phänomen des Palimpsests zur Verbindung der sechs im Bild konkretisierten Stationen der Erzählung. Wie in mittelalterlichen Handschriften unvollständig entfernte und dann neu mit Schrift oder Bild überarbeitete Passagen auch weiterhin wahrnehmbar bleiben, so taucht in jeder Szene bildhaft die Vorwegnahme eines neuen Wunsches des handelnden Helden auf. - Leonhard hat mehrere Male diese Palimpsesttechnik zu dramatischen oder epischen Verdeutlichungen genutzt.

1978 erfolgt eine Auseinandersetzung mit Franz Kafka; in zehn Radierungen legt der Künstler seine Bildkonkretisierung der *Beschreibung eines Kampfes* vor. - 1978 erscheint *Der Prozeß um des Esels Schatten. Wielands abderitische Komödie erzählt und gezeichnet von Leo Leonhard*. Neun Jahre später folgen sieben aquarellierte Bleistiftzeichnungen zu Robert Walsers Erzählung *Der Spaziergang*.

Zu einer Textausgabe des *Hessischen Landboten* gestaltet Leonhard 1987 sechs Strichätzungen und führt die Motive in einer gleichzeitig erscheinenden Mappe als Aquatinta-Radierungen aus. - Nach den Arbeiten zu *Dantons Tod* entstehen 1989 dreiundzwanzig Illustrationen in Radiertechnik zu Robert Musils *Kindergeschichte*, 1989 sieben aquarellierte Zeichnungen zu Robert Walsers *Spaziergang* und als vorläufig letzte größere Illustrationsarbeit 1994 dreißig lavierte Federzeichnungen zu Erzählungen von Edgar Allan Poe.

Eine zum Teil erzählerische und zum Teil illustrierende Auseinandersetzung mit den Möglichkeiten des Comics fällt in die Zeit 1972 bis 1975, in der in vier Bänden *Flabby Jacks fantastische Abenteuer* geschildert werden. - Sechs weitere Illustrationsobjekte zu eigenen oder fremden Texten werden im Zeitraum 1975 bis 1989 verwirklicht. So stellt im Rahmen des bis heute vorliegenden Gesamtwerks die Illustration in Buch oder Graphikmappe einen wesentlichen Bereich der künstlerischen Produktivität des Malers, Zeichners und Radierers Leo Leonhard dar, in dem er seiner Lust zur Regieführung und zur theatralischen Inszenierung mit überzeugendem Resultat nachgehen kann.

Robespierre im Jakobinerclub

Vorwort der Publikation der *Gesellschaft Hessischer Literaturfreunde*, Darmstadt 1995

Die Quellen des Clitumnus

Folgt man - von Norden her kommend - der alten Via Flaminia auf ihrem Weg durch Umbrien, so gelangt man nach etwas mehr als der Hälfte der Wegstrecke von Foligno und Spoleto zu dem auf der Karte als Fonti del Clitumno bezeichneten Ort. Kurz zuvor, von der Straße aus gerade noch erkennbar, liegt eine als Tempio del Clitumno bekannte frühchristliche Kapelle, die, aus antiken Resten errichtet, an die ins Tal verlaufende Böschung der heutigen Straße sich anlehnt.

Noch immer ist uns der mittäglich geprägte Sommertag des ersten Eindrucks deutlich in Erinnerung.

Die Straße folgt hier dem Rand eines weiten Flußtals. Nach Westen hin erstreckt sich fruchtbares Ackerland, in der Ferne von dunstig verwischten Konturen baumbestandener Hügel begrenzt. Nach Osten zu schließt sich hügeliges Gelände an. An dessen Fuß, knapp unterhalb der Flaminia, entspringen die Quellen. An verschiedenen Stellen tritt das Wasser in mehr oder weniger kräftigem Schub ans Tageslicht. Im Zentrum des Areals haben sich die kristallklaren Gewässer zu einer teichförmigen Fläche ausgeweitet. Hier entfaltet sich der volle Reichtum des Platzes dem, der ihm mit offenen Sinnen begegnet. Trauerweiden und die in die Höhe gerichteten Zeichen von Pappeln säumen den durch kleine Inseln unterbrochenen Wasserspiegel. Im weißkörnigen Grund mehrerer in die Tiefe hinabreichenden Trichter, in denen in rhythmischem Aufwallen das Wasser aus den Adern des Kalkgebirges quillt, fängt sich, wie in einem azurenen Spiegel das vibrierende Blau des umbrischen Himmels. Das Weiß des Grundes wird gesäumt von sanft in der zarten Strömung schwankenden Wasserpflanzen. In ihre Schatten neigt sich das Gezweig der alten Weiden. - Ein reliefgeschmückter Marmor, Denkmal und Altar zugleich, vervollständigt das an die Atmosphäre Böcklinscher Bilder erinnernde Ambiente.

Inmitten einer Vielzahl umtriebiger Besucher, die sich dem heute touristisch genutzten Heiligtum geschäftig genähert haben, findet der Achtsame alsbald zur Spur, die ihn zu den inneren Quellen führen mag. In der Betrachtung der faszinierenden Erscheinung des Wassers findet er zur Stille, gleichsam als hätte ihn eine hier verborgene Kraft berührt und in Einklang mit der besonderen Gestimmtheit des alten Heiligtums gebracht.

Schneeweiß, wie der jüngere Plinius einst beschrieb, ist der Grund der Gewässer heute nur noch dort, wo das überhandnehmende Grün das Makellose des hellen Kalks noch nicht überlagert hat. Und dennoch nimmt das, was von der alten Gestalt der Szenerie auf uns gekommen ist, den Besucher auf geheimnisvolle Weise gefangen. Alt und Jung, fremd oder dem Lande angehörend, wer sich eben noch durch die am Eingang des Geländes liegende Andenkenstation bewegte, lachend und im Gespräch mit Freunden und Begleitern, wird im Banne von Teich, Quelle und Wasserlauf alsbald zu einem schweigend schauenden Gast. - Und nur selten zerbricht ein kecker Ruf die Stille.

Aus einem Brief vom 10. Juli 1990
Ansicht des Tempio del Clitumno

Daniel Greiner - Künstler und Mensch

Geht man heute von der Alten Bergstraße kommend die Jugenheimer Ludwigstraße hinaus, so erblickt man schon nach wenigen Schritten zur rechten Hand einen aus rotem Sandstein gehauenen Brunnen, auf dem die Figur eines Wanderers den Blick hinüber zum Tannenberg gerichtet hält - ohne jemals darin inne zu halten, als erwartete er von dort eine Hilfe, um nach vielen Jahren endlich doch noch der räumlichen Gegebenheit gemäß aufgestellt zu werden. Was da so unglücklich, gleichsam zur Seite gestellt, seit den siebziger Jahren auf seine optische Wiedergutmachung wartet, ist das als Friedensbrunnen bekannte Werk des Jugenheimer Künstlers Daniel Greiner.

Im Mittelpunkt von Leben und Werk dieses von 1906 bis 1943 in der Bergstraßengemeinde wirkenden Bildhauers, Malers und Graphikers (1872 - 1943) stand der Mensch: Seiner in irdischer und göttlicher Natur angesiedelten Existenz widmete dieser bis ins hohe Alter hinein schöpferisch tätige Geist alle seine Kräfte.

Nach dem Studium der Theologie und Philosophie mit Promotion zum Dr. phil. übernahm er 1897 das Amt des evangelischen Gemeindepfarrers im oberhessischen Schotten, das gemäß der einschlägigen Tradition mit dem Dienst des Rektors der dortigen Volksschule verbunden war. - Die Entscheidung für eine künstlerische Laufbahn fiel nach Auseinandersetzungen mit der kirchlichen Obrigkeit und angesichts der Zusage eines großherzoglichen Stipendiums, welches von Joseph Maria Olbrich, damals Leiter der Darmstädter Künstlerkolonie, vermittelt worden war.

Nach der akademischen Ausbildung in Paris und Berlin erhielt er im Oktober 1903 in der Darmstädter Kunsthalle Gelegenheit zu einer Ausstellung graphischer und plastischer Arbeiten. Im November desselben Jahres wurde er in die Künstlerkolonie aufgenommen und war als deren Mitglied auf der 2. Ausstellung der Kolonie (1904) mit einer Reihe von plastischen und graphischen Objekten vertreten.

1906 siedelte er nach Jugenheim über und gründete dort eine Bildhauerwerkstatt für Grabmalkunst, ein alsbald gut florierendes Unternehmen. - In den zwanziger und dreißiger Jahren entstanden eine Vielzahl graphischer Folgen und Mappenwerke, als deren Höhepunkt die 1932 abgeschlossene *Greinerbibel* gelten darf.

Nach vielen Etappen des Suchens und Gestaltens in den Regionen christlicher und nordischer Mythologie und allgemein menschlicher Thematik findet die künstlerische Schau der christlichen Heilswelt in der Visualisierung der Bibeltexte ihren Höhepunkt. Dieses im selbstbetriebenen Felsbergverlag herausgebrachte Illustrationswerk darf mit Fug und Recht als sein künstlerisches Vermächtnis gewertet werden, in das er die Summe seiner ästhetischen Erfahrungen ohne Rücksicht auf Zeitgeschmack und ökonomische Verwertbarkeit verwob.

Seine tiefe Bindung an das Schicksal des Mitmenschen, das daraus resultierende Engagement auch an sozialer und politischer Problematik, seine auch hier wirksame Bereitschaft zur kompromißlosen Hingabe an eine als richtig erkannte Aufgabe, all das hat ihn während der zwanziger Jahre zur Übernahme eines politischen Amtes und zu mehrjähriger Ausübung eines Mandats im Hessischen Landtag bewogen. Die damals im Raum politischer Auseinandersetzung ausgetragenen Streitigkeiten haben ihn heftig und mit fatalen Resultaten berührt. Die spätere Vereinsamung einer auf sich selbst zurückgeworfenen Existenz des alternden Künstlers hat hier eine ihrer folgenreichsten Ausgangslinien.

Daniel Greiner hat mit seiner dem Symbolisch-Expressiven, in früheren Jahren dem Jugendstil zugeordneten Kunst auf die in ihm überreich ausgelegte Gestaltungskraft gewissenhaft geantwortet. Viele seiner Werke finden sich noch immer im Besitz von Kunstfreunden unserer Region, auch wenn die Gemeinde Seeheim-Jugenheim neben dem oben erwähnten Werk, dem kleinen Siegfriedbrunnen am alten Jugenheimer Rathaus und den Wandmalereien am Greinerschen Haus im Stettbacher Tal keine Beispiele seines Wirkens aufweist, die öffentlich zugänglich sind. - Seinem künstlerischen Werk ist eine - bis heute noch immer ausstehende - Würdigung zu wünschen, welche die Tragfähigkeit seiner Aussagen auch in der Welt aktueller Gegebenheiten erweisen könnte.

Undatiertes Typoskript

Glanz der Sachlichkeit
Der Bucheinband bei Rolf Steffen

Heinz Winfried Sabais, damals Kulturdezernent und später Oberbürgermeister der Stadt Darmstadt, schrieb 1969 im Katalogtext für eine Einzelausstellung der Galleria del bel Libro in Ascona: *Der Bucheinband ist die bewahrende Architektur des Buches. Er soll den Schatz zugleich bergen und verkündigen. Tektonische Festigkeit, die der Zerstörung wehrt, vermag das Handwerk herzustellen; die Kunst muß hinzutreten, um den verborgenen Wert leuchten zu lassen.* Der mit Rolf Steffen freundschaftlich verbundene Kenner der Sprache und des Buches charakterisierte so die Besonderheit der dienenden und auf den Inhalt des Textes einstimmenden Funktion des Bucheinbandes und definierte das Ziel der künstlerischen Gestaltung als bildnerisches Äquivalent zum literarischen Gehalt des dichterischen Werks.

In einem Jahrhundert, das schon mehrfach das endgültige Aus des Buches verkündet hat und das in nicht versiegen wollender Gründlichkeit die bereits bekannten und die gerade eben erst neu entwickelten Techniken der Text- und Sprachkonservierung Zug um Zug perfektioniert, erscheint eine sich in dieser Richtung orientierende Grundhaltung dem Werk gegenüber nahezu als Anachronismus. Hat nicht die Gegenwart mit ihrer Fähigkeit zu sekundenschneller Bereitstellung von Texten in Millionenauflage längst die Mittel für eine überfällige Erledigung der tausende Jahre alten Buchkultur gefunden? Der Primat des Textes über die Materie ist dank unserer heutigen Kommunikationstechnik fast uneingeschränkt garantiert. Bei nahezu völliger Beliebigkeit der Datenträger ist die Textpräsenz schon zu jedem gewünschten Zeitpunkt und an jedem beliebigen Raumpunkt des uns umgebenden Kosmos herstellbar. Der Traum der Schreiber hat sich erfüllt.

Und dennoch: Gegenüber der prosperierenden Welt elektronischer Textarbeit behauptet sich das Buch überraschend souverän. Noch immer bildet es die am häufigsten aufgesuchte Stätte der Begegnung des fragenden und des antwortenden Geistes. - Dies und die Gewichtigkeit der ästhetischen Leistung des Buchkünstlers Rolf Steffen legitimiert unsere Auseinandersetzung mit dem Thema dieser Ausstellung mehr als hinreichend.

Der entschiedene Verzicht auf die vielfältigen Möglichkeiten monumentalisierender und illustrierender Einbandgestaltung stellt für Steffen die Weichen in Richtung einer Lösung zur Sachlichkeit und Funktionalität. Buchtechnik und ästhetisches Programm vermeiden alles, was über die Aktualität der literarischen Botschaft herrschen könnte. Die in den Jahren 1959 bis 1994 entstandenen 39 Bucheinbände ordnen sich ausnahmslos dem einen gestalterischen Prinzip unter, das darin besteht, auf der Höhe handwerklichen und bildnerischen Könnens die für das jeweilige literarische Werk optimale Buchgestalt zu erarbeiten.

In der Technik fällt auf: sparsamster Gebrauch von Leder. Als Schiene, hin und wieder als Titelschild, selten im Einsatz als Halblederband. Das Spielfeld handwerklicher Brillanz ist auf grundsätzliche Standards verknappt. Auch hier verzichtet Steffen auf jegliche Übertreibung des Guten. Und dann der Kernbereich seiner gestalterischen Aktivität: das Bezugspapier. Von allen denkbaren Materialien hat er das verletzlichste gewählt. Die für seine Werke signifikante Logik der Entsprechung von innen und außen beginnt schon hier.

War seit den sechziger Jahren die farbige Gestaltung des Bucheinbands auf die Auseinandersetzung mit farbigen Tuschen konzentriert, die wiederholt durch Ausweitung in anderen Techniken ergänzt wurden, so taucht ab den siebziger Jahren für kurze Zeit die Arbeit mit Wachskreide auf. Die wird wiederum ab 1983/84 von Zeichenfedergraphik abgelöst, welche sich aus farbiger Tusche entwickelt. Kombinationen der verschiedenen Möglichkeiten mit eingedrucktem Blattgold oder Silber treten mehrfach in Erscheinung.

Beim vergleichenden Blick auf Einbände und freie Malereien von Rolf Steffen fällt uns die Nachbarschaft der in beiden Bereichen genutzten Form- und Farbrepertoires auf. Wir fragen uns, ob denn in der Buchgestaltung der Maler oder in der Malerei der Buchgestalter die wesentlichen Leitlinien entschieden habe. Bei näherem Betrachten erkennen wir jedoch die strukturelle Verwandtschaft beider Arbeitsfelder.

Lineare und farbige Elemente werden bis auf wenige Ausnahmen von der Flächigkeit des Bildgrundes regiert. Was beim Einband trotz aller Freiheit der jeweiligen Lösung als grundsätzliche Übereinstimmung mit den Gesetzmäßigkeiten der Typographie zu werten ist, wird in seiner Malerei zum Ausdrucksträger. Arbeiten ohne Titel herrschen dort vor. Nur wenige freie Bildobjekte sind mit literarischen Verweisen verknüpft. - Beim Bucheinband wird die Beziehung der bildnerischen Stellungnahme zu einem Text in ihrer Grundsätzlichkeit nachvollziehbar. Auch diese entwickelt sich in engem Kontakt mit dem sprachlichen Werk als Analogie, nie als reine Bebilderung des literarischen Vorgangs.

Lassen Sie uns an dieser Stelle unsere Aufmerksamkeit für kurze Zeit dem Buchgestalter selbst widmen und damit der Frage nach seiner persönlichen Historie, die, wie auch immer, den bei ihm gegebenen Zusammenhang zwischen Zuneigung zur Literatur und Engagement an der Präsentation von Literatur, aufzuzeigen in der Lage sein sollte. - Rolf Steffen ist 1927 in Kiel geboren und wuchs in engem Kontakt mit dem dichterischen Wort auf. Aus der Kindheit ist ihm die vorlesende Mutter in steter Erinnerung. Für den Vater war die Beschäftigung mit Literatur eine Lebensnotwendigkeit und damit ein zentraler Bereich seiner geistigen Existenz.

Noch in der Kriegsgefangenschaft beteiligt sich Rolf Steffen an einer *Faust*-Aufführung. In dürrer Zeit wird Text und Spiel ihm zur flammenden Botschaft. - Zum Werk des Lyrikers Wilhelm Lehmann, der erst 1947 den Lehrerberuf mit dem des freien Schriftstellers tauschte, hatte er, bis über dessen Tod hinaus, eine intensive Beziehung. Noch viele Jahre später wird sich dieser frühe Kontakt mit dem Dichter auf seine Entscheidungen zur Auswahl von Texten für seine Buchprojekte auswirken.

Für die Entwicklung seiner persönlichen Konzeption des Bucheinbandes ist die Phase des 2. und 3. Semesters seines Studiums an der Kieler Werkkunstschule von außerordentlicher Relevanz. In dieser Zeit fallen die für ihn signifikanten Entdeckungen zu einer konsequenten technischen und formalen Einbandkonzeption, die das Programm für die nachfolgenden Buchprojekte in ihren Grundlinien festlegen: Größtmögliche Sparsamkeit beim Umgang mit Material und Dekor bei gleichzeitiger Akzentuierung der Einbandgestaltung durch wesenhafte Beziehung des Bildanteils zum textlichen Gehalt.

In die gleiche Lebensphase fällt die Zeit intensiver Auseinandersetzung mit den Autoren seiner Generation. Zu ihnen zählen der wiederentdeckte Franz Kafka, Jean Paul Sartre, nicht zuletzt Erich Kästner, Bertolt Brecht und Paul Celan, dem er noch in späteren Jahren mehrere Einbandprojekte widmet.

Seine innige Beziehung zum Werk Wolfgang Borcherts wird noch in den späten achtziger und frühen neunziger Jahren sichtbar, wenn er sich der keineswegs populären Thematik der Texte *Nachts schlafen die Katzen doch* und *Die Küchenuhr* stellt, die noch immer auf erschreckende Weise deutlich jene Vergangenheit aktualisieren, die wir längst in die uns beruhigende Dimension des Damals verbannt zu haben vermeinten und die auf grauenhaftem Weg in unserem scheinbar so friedfertigen Europa erneut Wirklichkeit geworden ist.

Nach Lehrzeit und Gehilfenprüfung als Buchbinder beendet er 1957 mit dem 2. Staatsexamen seine akademische Vorbereitung auf das Amt des Gewerbelehrers. Von 1958 bis 1960 setzt er nach der Meisterprüfung im Buchbinderhandwerk die bis dahin an verschiedenen Instituten betriebene künstlerische Ausbildung bei Fritz Hensel in Flensburg fort. Von 1965 bis 1988 ist er als Oberstudienrat an der Peter-Behrens-Schule in Darmstadt tätig. Seit 1988 arbeitet er als freischaffender Bucheinbandgestalter und Maler. - Ab 1958 ist er in zahlreichen Einzel- und Gruppenausstellungen im In- und Ausland vertreten. Eine respektable Reihe von Auszeichnungen dokumentiert, neben der Vielzahl von Ankäufen seiner Arbeiten durch öffentliche und private Sammlungen, die ihm entgegengebrachte Wertschätzung nachhaltig.

Rolf Steffen ist als Vermittler buchbinderischen und buchgestalterischen Könnens zahlreichen Schülern zu einem prägenden Ereignis geworden. In der Entschiedenheit seiner Meinung und seines mit besonderem Stehvermögen verknüpften Widerspruchsgeistes erlebten sie die Auswirkungen seiner Intention zur Ausbildung, die sich nicht in der Vermittlung des Faktischen und der Fachtheorie erschöpfte, sondern über seine erzieherische Einwirkung die Herausbildung einer ebenfalls kritikfähigen Persönlichkeit anstrebte. Es war ein Glück für die verschiedenen Generationen von Buchbindern, welche er auszubilden half, in ihm auf einen kreativen Geist zu stoßen, dessen eigenes Werk an den hohen Kriterien der materiellen Qualität und des geistigen Niveaus stets mit honorigem Resultat gemessen werden konnte.

Gegenüber der Massenhaftigkeit des Phänomens Buch, wie es eingangs Erwähnung fand, verweist das aus der Werkstatt von Rolf Steffen hervorgegangene Buch auf die Einzigartigkeit und Unwiederholbarkeit sowohl der kreativen Entscheidung bei der Gestaltung des Objekts als auch bei der Lektüre desselben. Mit dem individuellen Einband, der den Gesetzen der Kunst und nicht den Prinzipien des industriellen Designs folgt, erhält der im Buch gebundene Text virtuell die Aura der Unverwechselbarkeit zurück, die der einmal ausgesprochene Gedanke in seinem Ursprung besaß. Verstärkend und in hohem Maße bedeutungsvoll wirkt sich hierbei aus, daß eine Vielzahl der Bücher als kalligraphische Meisterwerke der Schriftkünstler Charlotte Steffen-Pistor, Hans-Ulrich Plassmann und des Neu-Isenburgers Günter Wiegel vorliegen. - So gesehen wirkt Technik und ästhetische Ausformung des Buchobjekts als Generalappell zur (jeweils unwiederholbaren) persönlichen Lektüre:

Rolf Steffens Farben beleuchten den Eingang zum Garten der Wege und Treppen der auf den Leser wartenden poetischen Wanderung

Einführungsvortrag zu der Ausstellung am 4. November 1994
im Buchbinder-Colleg Kühner in Stuttgart - Bad Cannstatt

Die Parallelwelt des Franz Politzer
40 Ölbilder aus der Zeit von 1998 bis 2007

Unser Weg zum Ausstellungsraum hat uns heute im Schlosshof an einem Objekt von besonderer Größe vorbeigeführt: Es ist das vor einigen Jahren von Franz Politzer für das Niederösterreichische Donaufestival St. Pölten gestaltete *Landschaftsband über den Tagesverlauf*, auf dem eine Suite von Landschaften den Wandel des Lichts und des Ausdrucks einer Landschaft im Tagesverlauf dokumentieren. So eingestimmt sind wir im Treppenhaus den ersten Farbradierungen begegnet. Die Folgen *Die Visionen des Franz P.* von 1980 und *Fels und Gemäuer* konnten einen vorläufigen Eindruck in das Hauptthema der achtziger und neunziger Jahre vermitteln: Die Bedrohung der Natur, den Rückzug oder die Flucht des Natürlichen, den Angriff des Gebauten und vom Menschen Konstruierten und der Bedrohung des Kreatürlichen im sich über die Welt ausbreitenden Raster industrialisierter Architektur. - Hören wir, was der Künstler selbst zu Blatt 1 *Die Flucht des Horizonts* in dem Jahr 2000, im publizierten Band Franz Politzer, *Bilder vom Wesentlichen*, ausführt:

Die Auflösung der Natur wird am Horizont einsetzen; dort, wo die Eindrücke verschwimmen, sich die Klarheit mit der Imagination vermischt, wo die eine undeutlich und die andere zur Vision wird. An der Bruchlinie zwischen Endlich- und Unendlichkeit nimmt die Veränderung ihren Anfang. Dort, wo man sich des Geschehens nicht sicher sein kann, wo sich Hoffnungen und Befürchtungen erst noch zum Tatsächlichen vereinigen müssen, bewegt sich etwas von uns weg. Fast heimlich entgleitet ein Stück, dann ein weiteres. Doch so wenig, dass es in der Masse des Vorhandenen, die vor dem Verwischen der Sehkraft liegt, zuerst gar nicht auffällt. Gleichzeitig kommt der Abbruch näher, unmerklich, doch wahrnehmbar schreitet er vor, verschwinden Teile, die vertraut sind, Fragmente, die eben noch untrennbar dem Ganzen verbunden waren, fliehen jetzt uneinholbar, unwiederbringlich. Aus der Harmonie des Natürlichen streben die Fetzen der Landschaft einem Rettungsversuch weg zu einem Punkt, der jenseits liegt. - Es sind die Worte eines Visionärs, der seine Gesichte in den Medien Bild und Sprache manifest werden lässt.

In den Blättern der zweiten Serie tritt Franz Politzer mit der Region in Verbindung, die den Ort der heutigen Veranstaltung umspielt, den Odenwald mit Lichtenberg und Felsenmeer. Der regionale Bezug verhindert nicht, dass die Blätter über die Aktualität der Motivteile den allgemeinen Bezug zur Natur und ihrer Bedrohung zum Gegenstand der Darstellung werden lassen.

Mit dem Betreten des Ausstellungsraums sind wir in einen bildnerischen Parcours eingetreten, der sich übersichtlich gliedert: Auf der linken Seite und an der südlichen Wand ca. 20 Ölbilder; nach rechts in den Umgang führt der Weg vorbei an den ältesten Farbradierungen der siebziger, achtziger Jahre und weiter bis zu den neuesten Arbeiten im kleinen Kabinett und den im mittleren Durchgang platzierten Blättern der aktuellsten Graphikfolge: zu den Rechenzeichen. Wir freuen uns darüber, in dieser konzentrierten Form und gleichzeitig doch so anschaulich die Entwicklung der Druckgraphik nachvollziehen zu können.

Und wir verwundern uns über die Suggestivkraft der Bildeindrücke, über schwebende Erdteile, sich überblendende Perspektiven, flüchtende und triumphierende Natur, die Aufrechterhaltung von Natur als einer irritierenden Gegenwelt zu der von uns vergöttlichten Zivilisation. Und wir staunen über die Leichtigkeit, mit der der Künstler aus der erlebten Welt in die Welt der Imagination zu wechseln versteht.

Von Beginn seiner künstlerischen Tätigkeit an, konsequenter jedoch seit den siebziger Jahren, arbeitet der österreichische Maler und Radierer Franz Politzer an der allmählichen Fortentwicklung und Verfeinerung seines Themas „Landschaft und Landschaftliches" als Spielräume einer im Reich der Ästhetik angesiedelten Parallelwelt, deren Szenerien die virtuelle Realität seiner Vorstellung und Ahnung so anschaulich ins Spiel bringt, dass Zweifel an ihrer Wirklichkeit kaum angebracht erscheinen.

So gesehen stellen die beim Betrachter Verwunderung und Zweifel, Verwirrung und Begeisterung auslösenden Bilderfindungen nichts anderes dar als die poetische Antwort auf die Frage, wie wohl die Innenwelt dieses Menschen von unter neunzig Kilogramm Körpergewicht, mit sportlich durchtrainierter Kondition, seinem Lebenswillen, seinem Arbeitsvermögen und seinem ausgeprägten Wirklichkeitssinn und seiner schöpferischen Phantasie aussehen mag. Nun, was die Persönlichkeit des Franz Politzer in erster Linie ausmacht, ist sein künstlerisches Werk, dem sein handwerkliches Können und sein gestalterisches Vermögen mit der Kraft seines Kunstwollens zur Existenz verhelfen. - Wie aber kommt dieser in jungen Jahren dem Sport auf höchst anspruchsvolle Weise verfallene junge Mensch zur Kunst?

1950 in Wien geboren, nach Schulzeit, Wehrdienst und ersten künstlerischen Erfahrungen studiert er in Wien Geologie, tritt 1970 in die Meisterklasse von Prof. Eckert an der *Akademie der bildenden Künste* in Wien ein, besucht die Graphikklasse von Prof. Melcher, bricht das Geologiestudium 1971 ab und hat 1973 erste Erfolge als Graphiker zu feiern. 1975 schließt er sein Studium mit dem Diplom ab und beginnt seine Karriere als Graphiker und Maler.

1978 lernt er den Kunsthändler Wolfgang Böhler kennen, der ihn von da an in einer Vielzahl von Ausstellungen im süddeutschen Raum bekannt macht. Die Sommergalerie auf Schloss Lichtenberg ist sozusagen der hiesige Ausgangspunkt seiner heutigen Popularität, die er durch eine ebenso stolze Zahl von Ausstellungen in Deutschland, Österreich und anderen europäischen Ländern auszubauen weiß.

Erfolge mit seinem Werk, unterschiedliche Auszeichnungen seiner Kunst und seiner Engagements, eine zunehmende Anhängerschaft, eine Reihe von Publikationen (u.a. in Verantwortung der Galerie Wolfgang Böhler), all das signalisiert Anerkennung seiner Leistung und positive Aufnahme seiner künstlerischen Botschaft - Nach mehreren Lebensstationen lebt und arbeitet er heute in Millstatt in Österreich.

In der Mitte der siebziger Jahre klärt sich das ab, was der Kasseler Documenta-Vater Arnold Bode als das „Lied" des Künstlers bezeichnet hat. Franz Politzer findet zunehmend zur Präzisierung seines Themas, das ihn, wir haben ja bereits einen Bezug zu seinem inhaltlichen Engagement hergestellt, bis heute ausfüllt. Seine Graphik hat das Kämpferische und Rebellische der frühen Jahre abgelegt Aus einem wort- und aktionsgewandten Naturschützer der siebziger Jahre ist ein Künstler geworden, der trotz gelegentlicher experimenteller Ausflüge in Nachbarregionen seiner künstlerischen Sprache immer sicherer sein Thema gefunden hat, das er in seinen subtilen Kompositionen in Graphik und Malerei zu realisieren versteht. - Worin aber liegt das Geheimnis seiner ästhetischen Botschaften, was ist es, das wir so sehr an seinem Werk schätzen?

Das vermutlich erste in Struktur und Mitteilung Franz Politzers Konzept zuzuordnende Bild wurde bereits in der Antike erdacht, wie der römische Geschichtsschreiber Livius berichtet, als König Philipp V. von Makedonien den Gipfel des Hämusgebirges bestieg, um von dort gemäß überkommener Schilderungen sowohl das Schwarze Meer, das Adriatische Meer, die Donau wie auch die Alpen gleichzeitig sehen zu können, obgleich sie in Wirklichkeit vom Hämusgipfel aus keineswegs erblickt werden können. Er unternahm die Bergbesteigung aus strategischen Gründen, während er dabei war, einen in Desaster endenden Feldzug gegen die Römer vorzubereiten.

Man stelle sich dieses Gemälde vor: hoch aufragend der Gipfel des Hämusgebirges, mit ihm verklammert die Szene des Schwarzen Meeres (in rosafarbenen Farbwerten gehalten, weil den Morgen darstellend, den Osten), gegenüber die Adria, gekrönt von den Alpen und verbunden durch die Wasser der schönen blauen Donau (gelblicher Himmel, den Abend, den Westen repräsentierend).

Pech für dieses nur virtuell berühmte Bild bedeutete, dass es zu Unzeiten, d.h. viel zu früh erdacht worden war und so nicht mit dem Künstler Franz Politzer in Verbindung kam. Ein Glück für die Malerei Franz Politzers bedeutete die Tatsache, dass der Dichter und Humanist Petrarca vor seinem Aufbruch auf den Gipfel des Mont Ventoux am 26. April 1336 sich nicht zuletzt auch mit dem Bericht des Livius beschäftigt hatte, ohne sich von der Vergeblichkeit des Beispiels des Makedoniers vom eigenen Vorhaben abbringen zu lassen, was letztlich zur Entdeckung der Landschaft als einem ästhetischen Phänomen führte und damit wesentlich zur Begründung der Landschaftsmalerei und damit auch zu den Werken dieser Ausstellung beigetragen hat. - Doch lassen Sie uns nach diesem Exkurs zu den geistigen Wurzeln der Landschaftsmalerei wieder in die Gegenwart unserer Ausstellung zurückkehren.

Faszinierend an Franz Politzers Arbeiten ist die Gleichzeitigkeit seiner Perspektiven, der Blick in die Vergangenheit der Natur und der Blick in eine visionäre Zukunft, gesehen mit den Augen und der Phantasie eines Magiers, der das Wahrscheinliche im Möglichen und das Mögliche im Wahrscheinlichen und die Wirklichkeit durch die Darstellung des scheinbar Unmöglichen transparent zu machen versteht.

Faszinierend ist ebenso die Sicherheit und die unübersehbare Raffinesse, mit der er die handwerkliche Seite der Malerei und Radierung bewältigt. Die feinsten Nuancierungen der Farbe in der Ölmalerei und der Druckfarbe, die die Schattierungen der Nacht, den Glanz des hell strahlenden Tags, das geheimnisvolle Schimmern der Dämmerung bewirken, stehen ihm zur Verfügung.

So betrachten wir die monumentale Komposition *Die eigene Welt*, das sorglich, gleich einer Monstranz erhobene Baumgebilde auf einem zentralen Podest, zwei wie schweigende Wächter das kleine Monument flankierende Bäume, deren mittlere Wipfelzone sich wie ein Baldachin zu erheben scheint, die knappe Landschaft am fernen Horizont, das Morgenlicht im weiten Raum und die ungeheure Stille, die den Bildraum besetzt hält. Und wir beginnen zu ahnen, dass sich hinter all diesen Erscheinungen eine andere Welt verbirgt, aus der die Botschaft des Künstlers zur rechten Zeit zu uns dringen wird.

Die Radierung *Geteiltes Bauwerk* von 1995 stellt einen winzigen Landschaftsausschnitt mit Wasser und zwei Bäumen am flachen Ufer ins Spannungsfeld zweier symmetrisch angeordneter Dreiecke, über deren Oberfläche der Himmel zieht und Vegetation grünt, die ebenso als Projektion einer in der Mitte geteilten Pyramide verstanden werden können. Dieses Bauwerk ist aufgerissen und gibt so den Blick auf die ferne Landschaft frei. Den Vordergrund füllen die Blöcke einer zerbrochenen Betonschicht aus. Wenn der Schutz der Pyramide zerbrochen sein wird, werden sie alsbald den von der Vegetation entblößten Raum beherrschen.

So folgt auf unserer Wanderung von Bild zu Bild ein Abenteuer auf das andere. Eine Welt der Spiegelung und Auflösung, ein Triumph der Statik und der Leichtigkeit des Flugs und immer wieder der Gegensatz von Nächtlichem und Tageshelle, von niederdrückender Last und dem wiederkehrenden Mut zum Leben.

Ich hoffe, verehrte Kunstfreunde, dass Sie die Bereitschaft zur Begegnung mit den Bildwerken mitgebracht haben. Die Fähigkeit zur meditativen Berührung mit der Botschaft der Kunstwerke wird Ihnen beim Versuch der Ergründung ihres Geheimnisses Schritt für Schritt zuwachsen.

Ein Blick in das kleine Kabinett aktueller Graphik zeigt uns eine aufgehellte Tonskala. Die Schwere der früheren Radierungen ist einer erstaunlichen Helligkeit und Leichtigkeit der Darstellung gewichen, wie sie auch bei der aktuellsten Serie der Rechenzeichen Eingang fand. Sieben Farbradierungen als Doppelbilder: Oben das jeweilige Thema mit den für den Künstler typischen Mitteln der Bildgestaltung. Zum unteren Bildrand hin eine Komposition in einem halbabstrakten Formmaterial, in dessen Bezug zu geologischen Phänomenen sich die in jungen Jahren betriebene Auseinandersetzung mit der Geologie in Erinnerung bringt. Das Thema des jeweiligen Blattes folgt mathematischen Zeichen und Plänen: *Verwandte Wurzeln, Die vielfache Teilung, Vierfache Landschaft.* Die von Franz Politzer gestaltete Serie bestand aus sechs Blättern, die nacheinander subskribiert worden waren. Der Künstler hat den Beziehern dieser sechs Objekte unangekündigt jetzt das siebte dazu geschenkt.

Es gebührt ihm ein großes Kompliment für diesen Einfall. Aber auch Ihnen, meine Damen und Herren, gebührt ein großes Kompliment dafür, dass Sie meinen Ausführungen mit so großer Geduld und Aufmerksamkeit zugehört haben. So wünsche ich denn dem Künstler und dem Galeristen eine erfolgreiche Ausstellung und Ihnen eine glückliche Wahl des Objekts aus dieser Ausstellung, das Sie in Ihrem Heim in der Zukunft begleiten soll.

Einführungsrede zur Ausstellung in der Sommergalerie des Schlosses Lichtenberg 2007; Typoskript

Durch afrikanische Türen
Janheinz Jahn und die Suche nach Afrikas Stimmen

Zu einer Zeit, in der nicht nur unser eigenes jugendliches Afrikabild noch von Heja-Safari-Träumen, Afrikakorps-Geraune um Rommel den Wüstenfuchs, gelegentlichen Nachrichten vom Urwalddoktor Albert Schweitzer in Lambarene und durch Schreckensmeldungen, zum Beispiel von Frankreichs Kolonialkriegen in Marokko und Algerien geprägt waren, eröffnete der Literaturwissenschaftler, Autor und Publizist Janheinz Jahn überraschende Einblicke in einen Bereich zeitgenössischer afrikanischer Kultur, die geeignet erschienen, diese ungeschönt und nicht durch koloniale Gesinnung oder touristisches Bedürfnis nach Exotik und Folklore verfälscht wahrzunehmen. -

Mit *Schwarzer Orpheus - Anthologie moderner afrikanischer und afroamerikanischer Poesie* eröffnete der 1918 in Frankfurt am Main geborene und dort in einem großbürgerlichen Elternhaus aufgewachsene Janheinz Jahn 1954 die Reihe seiner Publikationen der Lyrik der Schwarzen aus Afrika und Amerika, gleich einer Erweckungsfanfare, die den - vorerst und vor allem - deutschen Lesern erstmals in breiterer Auswahl schwarze Lyrik nahe brachten und den Blick eines überraschten Publikums auf Afrika und die von Farbigen bewohnten Regionen Amerikas lenkten.

Mit der Veröffentlichung von *Muntu - Umrisse der neoafrikanischen Kultur* im Jahr 1958, der sogenannten *Bibel der Schwarzen,* konfrontierte er die Öffentlichkeit mit der geistigen Kultur der afrikanischen Völkerschaften und ihrer zeitgenössischen Verwandten in West-Indien und Amerika, deren afrikanische Wurzeln noch immer in ihren Tänzen und Liedern, in ihren religiösen Kulten und in ihrer Poesie spürbar waren.

1966 erschien bei Eugen Diederichs der grundlegende Versuch einer Einführung in die *Geschichte der neoafrikanischen Literatur*, nachdem Jahn im Jahr zuvor eine *Gesamtbibliographie der neoafrikanischen Literatur* herausgegeben hatte. Beide Publikationen hatte ihr Autor als erste Schritte hin zur anstehenden Arbeit gewaltigen Umfangs der eigentlichen Beschreibung der neoafrikanischen Literatur verstanden, sozusagen als eine - allerdings sehr detailreiche und überaus informative - vorläufige Skizze, in der die noch ausstehenden Aufgaben der kommenden Literaturgeschichtsschreibung umrissen werden.

Wer war dieser Sachwalter neoafrikanischer Poesie und wie kam es zu seiner leidenschaftlich und in gleichem Maße akribisch betriebenen Passion der Suche nach der Dichtung Afrikas, der, neben den hier angeführten Grundlagenwerken, in wenigen Jahren mehr als zwanzig Anthologien mit Dichtung aus dem afrikanischen, amerikanischen, arabischen und asiatischen Kulturraum übersetzt und herausgegeben hat?

Schon 1949 war von Janheinz Jahn eine Anthologie hispano-arabischer Dichtung unter dem Titel *Diwan aus Al-Andalus* erschienen, nachdem er in den dreißiger Jahren ein Studium der Theaterwissenschaft und der Arabistik betrieben und an der Universität Perugia italienische Kunstgeschichte absolviert hatte.

Den Krieg hatte er unbeschädigt als Fronttheaterschauspieler und Fremdenführer für höhere Dienstgrade überlebt. In britischer Kriegsgefangenschaft, die ihn bis April 1946 in Österreich festhielt, betätigte er sich ebenfalls als Leiter einer Spielgruppe und als Übersetzer. Vom Sommer 1946 bis Februar 1949 lebt er als freier Schriftsteller im bayrischen Sulzbach-Rosenberg, übersetzt und veröffentlicht italienische Texte, vornehmlich Gedichte. Er hält in Volkshochschulen Vorträge über italienische und arabische Literatur, ist 1948 für ein halbes Jahr parteiloses Mitglied des Sulzbach-Rosenberger Kreistags. Im Februar 1949 zieht er in die Wohnung seiner Eltern in Frankfurt. Neben einer Fülle anderer Aktivitäten schreibt und publiziert er mit wechselndem Erfolg eine Vielzahl von Kurzgeschichten.

Im Mai und im Oktober 1952 war er unter den Teilnehmern von Treffen der Gruppe 47 in Niendorf an der Ostsee und auf Burg Berlepsch zu finden, hat sich dann aber vom Autorendasein verabschiedet, um als Literaturvermittler tätig zu sein. Am 1. September 1963 zieht er mit seiner zweiten Frau Edith Jahn und den Söhnen Aurel und Dominik in ein Haus in Messel. 1966 - 1968 versieht er das Amt des Generalsekretärs des westdeutschen *P.E.N.-Zentrums* in Darmstadt. 1970 ehrt ihn die *Deutsche Akademie für Sprache und Dichtung* mit dem Übersetzerpreis.

Andalusische Verse

Sein *Diwan aus Al-Andalus* trägt bereits deutlich Züge der späteren leidenschaftlichen Suche nach originär afrikanischen Texten. Er überschreibt die Einleitung mit Versen von Ibn' Abdun – dieser stammt aus Evora im heutigen Portugal, wo er 1134 starb:

Die Dichtung ist dem Greis ein Sack
Für Fehler alter Zeiten,
Dem Jünglinge ein Schrein aus Lack
Für seine Kostbarkeiten.

In seinen Erläuterungen begründet Jahn die arabische Völkerwanderung nach Norden und nach Westen mit der zunehmenden Austrocknung der arabischen Stammregionen. Nicht Waffenruhm und kriegerische Ziele lockten die Söhne Arabiens in die europäische Ferne, was zu dem für uns erstaunlichen Phänomen führte, daß in der maurischen Dichtung der Krieg nur gelegentlich eine Rolle spielt, ...*während die abendländische Dichtung am Kampf mit dem Islam ihre epische Kraft entzündete und vom „Rolandslied" bis zu Tassos „Befreitem Jerusalem" kaum einen anderen Stoff kenne als die Taten ihrer Helden im Kampf gegen die Sarazenen...*

So ist Jahns Gedichtsammlung in einen *Diwan*, das heißt in zwölf Kapitel gegliedert und versammelt eine Auswahl einiger der Bücherverbrennung auf dem Marktplatz von Granada entgangenen Werke. Sechs Jahre nach der Eroberung dieser letzten maurischen Bastion auf iberischem Boden hatte Erzbischof Ximenes 1498 auf Befehl der Königin Isabella der Katholischen mehr als eine Million Bücher dem Feuer übergeben lassen. - Ein Kapitel des *Diwan* besingt *Al-Andalus, eines die Schönheit der Natur. Sechs Kapitel singen von der Liebe, eines vom Wein, eins von allerlei Ärger, eins von der Weisheit und eins von den Dichtern.*

Zwei kleine Kostproben:

Ibn Al-Dschadd an seinen Chef Ibn Al-Karawi (11. Jahrhundert), der erst spät vom jüdischen Glauben zum Islam übertrat:

Wenn du so dumm bist

Reg dich doch nicht so auf und hör mir zu:
Du kannst mich ja entlassen, wenn ich dir nicht passe!
Doch nie - das schwör ich dir! - erreichest du,
Daß ich vom Wein und schönen Frauen lasse.

Ich gebe zu: mein Dienst ist ein recht müder.
Was macht das schon? Bin auch nicht oft im Amt.
Was aber haben deine Glaubensbrüder
Und du davon, wenn ihr den Wein verdammt?

Ich lieb den Wein, weil ihn Magie umkreist,
Denn Blut und Wein sind Saft vom gleichen Wesen.
Wenn du so dumm bist, daß du das nicht weißt,
Kannst du es jederzeit im Evangelium lesen.

Al-Mu'tamid, Dichterkönig aus Sevilla (11. Jahrhundert) versammelt an dem von ihm ausgebauten Alkazar eine große Schar von Poeten aller Stände. Nach zwanzig Jahren höchsten Ansehens als Regent und Dichter endet er in der Gefangenschaft eines von ihm zu Hilfe geholten Berberfürsten und verschenkt sein letztes Geld an verarmte Dichter:

Ein Zehrpfennig von Wind

Du suchst dir Verse, Freund, als Wüstenfrucht?
Du kannst sie dir nicht keltern und nicht braten!
Sie sind ein Zehrpfennig aus Wind gemacht
Und nähren allenfalls die Literaten.

Mit dem *Diwan* hat Jahn der Poesie des untergegangenen Al-Andalus ein glänzendes Denkmal gesetzt. Seine Lektüre fasziniert und erfüllt uns gleichermaßen mit Trauer über einen von christlicher Seite ausgehenden Fanatismus, der uns um die Früchte der literarischen Kultur des iberischen Islam betrogen hat.

Die Fünfziger und Sechzigerjahre sind für Janheinz Jahn eine Zeit intensivster Anstrengungen als Übersetzer und Forscher, nicht zuletzt aber auch als Vermittler seiner Erkenntnisse und damit als Autor und Referent, der im In- und Ausland auf Vortragsreisen seinen Lebensunterhalt erkämpfen muß, wie auch die Mittel für einen beträchtlichen Literaturapparat, wie er ihn in Gestalt von Büchern und Zeitschriften für seine Studien benötigt. Was er später an Papieren hinterläßt, hat er wohlgeordnet abgelegt, auch hierin war er mit Fleiß und großem Ordnungssinn engagiert. Heute wird sein Nachlaß im Institut für Afrika-Wissenschaft der Humboldt-Universität Berlin aufbewahrt und ausgewertet. Seine umfangreiche Bibliothek wurde zum Grundstock der nach Janheinz Jahn benannten Bibliothek für afrikanische Literatur der Gutenberg-Universität Mainz, die über den Buchbestand hinaus ein reges Leben durch Lesungen, Seminare und Tagungen entwickelt.

Das immense Arbeitspensum, Reisestrapazen mit häufigem Klimawechsel und eine keineswegs auf Gesundheit ausgerichtete Lebensweise des hoch gewachsenen und ungemein sportlich wirkenden Jahn zehren allzu sehr an seinen Lebenskräften. Innerhalb der Familie trifft ihn 1968 der Tod seiner Frau und eines der beiden Kinder. Schon 1973 und zu früh endet auch sein Leben. Er hinterläßt einen Sohn und seine Lebensgefährtin und Literaturwissenschaftlerin Ulla Schild, die weiterhin für sein Lebenswerk eintritt.

Darmstädter Trauerspiel

Am Sarg des 1973 mit fünfundfünfzig Jahren verstorbenen Schriftstellers hält sein Kollege Gerhard Zwerenz die Trauerrede. Er hat in seinem 1977 erschienenen Buch *Die Westdeutschen* darüber berichtet und seine Beschreibung des Ereignisses auf dem Darmstädter Waldfriedhof mit einer Rückblende ins Leben Jahns verbunden. Schon zu diesem Zeitpunkt wird ein Nachlassen des lokalen öffentlichen

Interesses an ihm deutlich, indem sein früher Tod keinen der im Darmstädter Kulturleben exponierten Bürger zu einem seine Leistung und seine Persönlichkeit würdigenden Abschiedswort bewog. Statt dessen Gerhard Zwerenz:

...es hatte ursprünglich ein Vorstand des Schriftstellerverbandes sprechen sollen, fand sich aber gerade keiner, der Zeit erübrigte, und im Vorstand des P.E.N.Clubs gab's auch keinen, obwohl Jahn von 1966-1968 Generalsekretär des bundesdeutschen Zentrums gewesen war, der Zeitraum zwischen Ableben und Bestattung ist kurz, die multifunktonalen Vielbeschäftigten erübrigen keine Stunde, ihr Terminkalender ist voll, wie soll da so Spontanes wie der Tod noch Raum finden...

Und an anderer Stelle:

Wie rührend die schönen Nachrufe in den Zeitungen sind. Janheinz Jahn, weltberühmt, geachtet, geehrt, hatte zuletzt keinen deutschen Verlag mehr. Er war schon immer mehr in anderen Kulturkreisen zu Hause gewesen als im eigenen. Viele seiner Schriften mußten erst in England und USA erscheinen. Der Prophet gilt am wenigsten im eignen Land; der Humanist wird daheim mißachtet...

Nur wenige Jahre hatte es gebraucht, bis Jahn zum Barden des dunklen Kontinents geworden war, zu einem Brückenbauer in ein Afrika, das sich vor allem bloß und unverstellt zeigte und dessen friedlicher Alltag vor allem jene Züge des Grausamen und Barbarischen auch heute noch vermissen läßt, die ihm seit dem 16. Jahrhundert von den Agenten und Eroberern als sozusagen naturgegeben angedichtet wurden. Denn die These von den kulturlosen, barbarischen schwarzen Völkerschaften, denen mit Hilfe der europäischen Zivilisation menschliche Züge vermittelt werden sollten, wurde schon, wie die nähere historische Betrachtung ergibt, eingangs der kolonialen Unterdrückung erfunden, um jene zu legitimieren und die tatsächliche sich rasch oder allmählich anschließende Barbarisierung der aus ihrer Kultur entwurzelten schwarzen Völker zu bemänteln.

Senghor

1951 lernt Jahn in Frankfurt am Main den senegalesischen Poeten und Politiker Léopold Sédar Senghor (1906-2001) kennen, den späteren Präsidenten von Senegal (1960-1980), dem er von da an lebenslang freundschaftlich verbunden bleibt. Senghor ernennt ihn zum Honorarkonsul und fördert seine literaturwissenschaftlichen Studien nachhaltig. Jahn übersetzt das lyrische Werk des Dichters ins Deutsche und gibt es 1963 unter dem Titel *Botschaft und Anruf* heraus.

Das Totem

Ich muß ihn verbergen in meinen verborgensten Adern
den Ahn mit der Unwetterhaut, die von Blitz und Donner gefurcht ist
Mein Schutztier, ich muß es verbergen
Damit ich den Damm des Skandals nicht sprenge.
Er ist mein treues Blut, es fordert Treue
Und er beschützt meinen nackten Stolz
Vor mir selbst und vor dem Übermut der glücklichen Rassen ...

Senghor wurde 1906 in Joal im Senegal geboren; 2001 ist er in Frankreich verstorben. 1928 reiste er nach Paris um seine Ausbildung zu betreiben. Zusammen mit seinem Dichterkollegen Aimé Césaire (von der Antilleninsel Martinique), dem aus Guayana stammenden Léon Damas und anderen schwarzen Intellektuellen begründete er noch als Student, angeregt durch die Arbeiten der Völkerkundler Frobenius und Delafosse und der Begeisterung der Künstler Braque und Picasso für afrikanische Plastik, nicht zuletzt auch unter dem Eindruck von Werken der Harlemer Negerrenaissance die Bewegung der „Négritude" als Gegengewicht zur kolonial akzentuierten europazentrierten Vorstellung von der Geschichts- und Kulturlosigkeit Schwarzafrikas. - Nach seiner Einbürgerung erhielt er 1935 die Agregation für klassische Philologie.

François Bondy, der Vater des bekannten Schweizer Theaterregisseurs Luc Bondy, formulierte 1968 in seiner Laudatio auf Léopold Sédar Senghor anläßlich der Verleihung des Friedenspreises des Deutschen Buchhandels:

...Die Négritude macht den ganzen Unterschied aus zwischen „assimiler" und „être assimilé", wie Sie (das ist Senghor) 1945 schrieben, zwischen selektivem Sich-Aneignen und restlosem Aufgehen in der anderen Kultur. An Definitionen hat es dieser Négritude nicht gefehlt. Janheinz Jahn nennt deren achtzehn in seinem Buch über neoafrikanische Literatur; die Liste ist nicht abgeschlossen. Dem Hellenisten, dem Verehrer Goethes wird es nicht unlieb sein, wenn ich die Négritude als Entelechie verstehe, welche Goethe definiert „Als ein Wesen, das immer in Funktion ist"...

Als Beispiel der Jahnschen Auflistung in seiner *Geschichte der neoafrikanischen Literatur* sei hier die Nummer 13, ein In-der-Welt-Sein angeführt:
Die Négritude ist, um Heideggers Sprache zu gebrauchen, das In-der-Welt-Sein des Negers (Sartre)
oder die Nummer 18: *Die Négritude, die Gesamtheit der kulturellen Werte des schwarzen Afrika...*(Senghor)
Im Rahmen des von Senghor immer wieder beschworenen Friedenswerks einer Culture Universelle kommt der Négritude die Aufgabe der Bereitstellung von besonderen Potentialen zu, die transnational zum Aufbau einer friedensorientierten Weltkultur beitragen sollen. - Zunächst jedoch bildet sie in den Jahren zwischen 1934 und 1948 die Generallinie einer literarischen Strömung, die Jahn als *jene geglückte Revolte* bezeichnete, *durch die Caliban aus dem Kerker Prosperos ausbrach, indem er sich in ihr die Möglichkeit eigenen unabhängigen Ausdrucks schuf.*

Auch wenn die Fortentwicklung dieser global angelegten Utopie einer Frieden stiftenden Kultur für viele Teile des afrikanischen Kontinents in den späteren Turbulenzen der Dekolonialisierung und Bürgerkriege vorerst unterbunden wurde, ist doch die Hoffnung auf die Erreichbarkeit dieses Ziels vielerorts lebendig geblieben.

Reise durch Westafrika

In den späten fünfziger Jahren bricht Jahn gemeinsam mit dem Darmstädter Maler und Bildhauer Helmut Lander zu einem Experiment nach Afrika auf, das ihnen die Begegnung mit Land und Leuten auf Augenhöhe verschaffen soll. Vor der Reise wird die Verabredung getroffen, gleich nach der Ankunft in Lagos sich unter Beratung britischer Universitätslehrer in einer Art mehrtägigem Crash-Kurs afrikanisches Leben einzustudieren, danach sollte ihnen afrikanische, landestypische Ernährung, Reisegewohnheiten und anderes eingeübt werden, damit sie auf afrikanische Weise und nicht wie bei reisenden Europäern üblich unterwegs sein könnten.

Als ihr Schiff um zehn Tage verspätet eintrifft, ist das geplante Training nicht mehr möglich; die beiden Freunde müssen ihre Konditionierung aufs Afrikanische empirisch vornehmen und ad hoc in die Reise integrieren. Dies gelingt den Freunden in einer Reihe gemeinsamer Unternehmungen in wesentlichen Zügen und es gelingt Janheinz Jahn auch dort, wo er die Reise alleine oder in anderer Begleitung fortsetzt. 1960 erscheint ein Buch unter dem signifikanten Titel *Durch afrikanische Türen. Erlebnisse und Begegnungen in Westafrika.* Es nennt sich Reisebericht, ohne es zu sein, da im Vordergrund der auf Chronologie verzichtenden Darstellung nicht der Ablauf der Unternehmung sondern unterschiedlichste Situationen stehen, in denen afrikanisches Leben dokumentiert und transparent gemacht wird.

Seiner Anschaulichkeit wegen haben wir die Titulatur des Buchs in die Überschrift zu unserem heutigen Vortrag übernommen. Jahns Intention war stets, die Menschen und die sich ihm bietenden Einblicke in ihre gesellschaftliche Organisation sozusagen nach dem Öffnen der Türen, von innen heraus, wahrzunehmen und sich nie mit dem Blick auf noch so interessant glänzende Fassaden zufrieden zu geben. Dazu war der Katalog der Fragen, denen er sich widmete, bestens geeignet:

- Besichtigung der afrikanischen Wirklichkeit durch Studium der Topographie des Landes, der Besonderheiten des Lebens der afrikanischen Gesellschaften, als da sind:
- ihr alltägliches Zusammenleben,
- ihre Existenzsicherung in Ernährung, Wohnen, Erziehen, Wirtschaften und im Verkehrswesen
- ihre politische Organisation aus Tradition und kolonialer Einwirkung
- ihre religiösen Bindungen an eigene Ursprünge und an die Weltreligionen des europäischen Christentums und des Islam

Diese Aspekte bilden den Fragehorizont der Studienreise. Um die Fragen richtig stellen zu können, hat sich der Fragende, wie oben berichtet, durch Eintauchen in den Alltag des Volkes tauglich gemacht, damit jede Busfahrt im Gedränge der einheimischen Bevölkerung, jede Übernachtung im afrikanischen Hotel, jeder Einkauf auf dem Markt der Schwarzen, jede Mahlzeit bei schwarzen Freunden und jedes möglichst unvorbereitete Gespräch zu einem wichtigen Schritt hin zum Geist und Herzen Afrikas wird.

Der Künstler Helmut Lander

Gestatten Sie mir eine kleine Abschweifung über den Darmstädter Bildhauer und Maler Helmut Lander.
Helmut Landers Reiseerfahrungen und seine Einblicke in das eigentümlich afrikanische Leben finden ihren Niederschlag in bildnerischen und fotografischen Arbeiten, in denen er das rezent Afrikanische seiner Entdeckungen in eindringlichen Motiven gestaltet. Beiseite gelassen wird nach Möglichkeit alles, was sich an folkloristischer, für den europäischen Touristen erdachter und für ihn inszenierter Unterhaltungswirklichkeit anbietet. Wie Jahn sucht er das Ursprüngliche in der Wirklichkeit des Alltäglichen. So dokumentieren seine fotografischen und malerischen Arbeiten ebenso wie seine Zeichnungen, die charakteristische Gestalt des Afrikaners, nie wird dieser zu einer exotischen Inszenierung mißbraucht.

Die Psychologie seiner Arbeiten wäre einer eigenen Erörterung wert. Die dargestellten Personen spiegeln in Haltung und Blick das Selbstbewußtsein respektvoll wahrgenommener Menschen. Selbst die abstrahierte Chiffre eines nackten Menschen wird nicht im Kontext des schutzlos betrachteten Exoten, des Ausgespähten, von Kamera oder Zeichenstift Überraschten gesehen. Der mit der Kamera oder mit dem Zeichenstift tätige Beobachter arbeitet stets im Bewußtsein seiner Verpflichtung auf die Würde der sich ihm präsentierenden Menschen. Landers Bilder - gleichgültig ob im Buch, als Druckgraphik, Foto oder Malerei - künden hiervon.

1962 erschien als ein Ergebnis der afrikanischen Exkursion Helmut Landers Buch *Westafrikanische Impressionen*. Neben Fotos und Zeichnungen des Künstlers sind Gedichte von sieben westafrikanischen Autoren abgedruckt.

Janheinz Jahn sagt in seinem Vorwort zum Buch über die Bilder: *Helmut Lander ...sucht nicht Menschenobjekte, sondern Menschen. Sein Auge dringt hinter die Oberfläche, erfaßt die Stimmung, die Würde, das Klima des Geistes. Lander nimmt Anteil. Seine Bilder registrieren nicht Tatbestände, sondern zeichnen Begegnungen nach: dieses Gesicht war mir eine Erscheinung, dort sprang mich ein Wunder an...; im Wrack von Freetown geht die Kolonialzeit zu Ende, und in Ibadan singen die Dächer...*

Es erscheint fast selbstverständlich, daß bei der ersichtlich engen Beziehung zwischen Künstler und Autor die Bucheinbandgestaltung vieler Jahnscher Publikationen aus dem Atelier von Helmut Lander stammt. So auch der Schutzumschlag des Bandes *Durch afrikanische Türen - Erlebnisse und Begegnungen in Westafrika*, aus dem das folgende Beispiel eines afrikanischen Essens stammt:

...Bei Sonnenuntergang kamen wir an, wurden abgeliefert im Hause unseres ersten echt afrikanischen Gastgebers und Betreuers, der uns schon am Tage zuvor in wohlangepaßtem Zustand erwartet hatte. Ulli Beier, der in einer anderen Stadt noch am gleichen Abend einen Vortrag halten mußte und daher nicht bleiben konnte, stellte uns vor und entschwand.

Und da sind wir nun. Unser Hauswirt ist angewiesen, uns keinerlei europäische Extrawürste braten zu lassen, uns freundlich den Regeln afrikanischen Anstandes zu unterwerfen und jeden unserer Fehler nachsichtig zu rügen.

Das Haus gefällt uns sofort, ein ansehnliches Gebäude im „brasilianischen Stil", wie es in allen Städten und Dörfern des Yorubalandes in unzähligen Variationen sich zwischen ähnlichen oder kleineren Häusern erhebt und von den etwas wohlhabenderen Familien bewohnt wird, ein zweigeschoßiges Lehmhaus mit Blechdach, geräumigen säulengezierten Veranden im Obergeschoß und großen luftigen Fenstern.....

Der Hausherr hat Bier geholt, eine ganze Flasche für jeden; am runden Tisch in den Sesseln nehmen wir den Begrüßungstrunk ein.

Die Hausfrau erscheint und wir lernen die melodischen Grußformeln der Yoruba-Sprache sagen. Und während jeder von uns seine drei Viertelliter Heinekens Bier aus Amsterdam in die durstige Kehle gießt, trägt am anderen Tisch die Hausfrau das Abendessen auf. Wir sind klebrig von Schweiß und dem roten Lateritstaub der Reise, doch da uns niemand auffordert, uns zu waschen, setzen wir uns schmutzig an den Tisch. Unser Gastgeber trägt eine blütenweiße Agbada, wir aber fühlen uns wie aufgelesene Vagabunden. Wir betrachten den Tisch, die noch leeren, nun umgedrehten Teller, die beiden dampfenden Schüsseln - in der einen eine Art kompaktes Püree, in der anderen rotes Fleisch in gelbgrüner Sauce, in der ein Löffel steckt. Keine Eßbestecke. Werden wir mit unseren dreckigen Fingern essen müssen?

Kaum daß wir sitzen, erscheint ein etwa vierzehnjähriger Junge, ein Sohn des Hausherrn, kniet vor mir nieder und hält mir eine Waschschüssel hin. Ich habe gelesen, daß man sich nur der rechten Hand zum Essen bedient, tauche also nur die rechte Hand ein ins Wasser und versuche, die Finger reibend und schwenkend zu reinigen, was mir nicht sonderlich gut gelingt. Dann stellt der Junge die Waschschüssel auf den Boden und trocknet mir die Hand mit einem weißen Frottiertuch, auf dem sich schwärzlich-rötliche Konturen abzeichnen, kniet dann vor Helmut Lander nieder, der mein Verhalten nachmacht. Dann kniet der Junge vor seinem Vater, der ihm in die Brusttasche greift, ein Stück Seife heraus-

holt und sich gründlich beide Hände wäscht. Dann rückt er mir die Schüssel mit dem Püree an den Teller.

Ich gestehe nun, daß wir noch keine Gelegenheit hatten, die landesüblichen Tischsitten zu erlernen. Der Hausherr möge sich also zuerst bedienen, damit wir uns das rechte Verhalten absehen könnten. Was wir falsch machten, möge er rügen. Er verspricht es, nimmt den Löffel, schaufelt sich Fleisch, Gemüse und Brühe auf den Teller, greift dann in das Püree, löst ein Klümpchen davon, formt die teigige Speise mit geübten Fingern zu einem ovalen Happen, den er mit dem Daumen hohldrückt, so daß eine Mulde entsteht, taucht das entfernt löffelartige Gebilde in seinen Teller, dreht es in der Sauce, lädt das grünlichgelbe, schleimige Gemüse auf, das gallertartige Fäden zieht, die er mit geschicktem, kreisendem Schlenkern an dem Happen befestigt, und führt den Bissen, ohne einen Tropfen zu verkleckern, zum Mund. Nun sind wir dran.

Der Hausherr bezeichnet uns die Stellen, an denen wir ins Püree greifen sollen: der Fufuklumpen wird von drei verschiedenen Seiten aus angebrochen. Mein Klümpchen ist nicht gerade glücklich geformt, als ich es eindrücken will, zerbricht es, und ein Teil davon platscht mir in den Teller. Also wälze ich die eine Hälfte in Gemüse und Sauce, lade soviel auf davon, wie ich nur vermag, führe das alles eilig zum Mund, wobei mir die grünen Schleimfäden bis auf den Teller hängen, denn mein Klümpchen droht abermals zu zerbrechen; doch kaum habe ich's auf der Zunge, möchte ich schreien: es brennt, daß der Atem mir stockt, Tränen mir aus den Augen laufen, aus der Nase rinnt feuchtes Getröpfel, ich angle mir mit der Linken das Taschentuch aus der Tasche, ich schneuze mich, doch kann ich vor Tränen kaum noch etwas erkennen. Die Speise, erklärt der Hausherr, sei unseretwegen besonders milde bereitet, doch wenn wir sie auch so nicht zu essen vermöchten, würde er uns gern europäische Speisen besorgen lassen; ob wir es aufgeben wollten. „Keinesfalls" sagen wir, nachdem wir geschluckt und wieder Atem geschöpft haben, „wir geben nicht auf."

Schon morgen möge die Hausfrau die Speisen in voller Schärfe bereiten, je schneller wir uns daran gewöhnen, umso besser...

Geschichte der neoafrikanischen Literatur

Lassen Sie uns einen Blick in das 1966 erschienene, eingangs unserer Ausführungen schon erwähnte Werk *Geschichte der neoafrikanischen Literatur* werfen, in dem Jahn den Versuch einer Strukturierung des Arbeitsfelds unternimmt und Grundlagen und Rahmenbedingungen benennt, die für die Schaffung von Literatur konstituierend sind, wenn er auch die eigentliche Darstellung der Literaturgeschichte als noch ausstehende Aufgabe bewertet, die späteren Forschern überlassen werden muß.

Schon bei der Definition des kulturellen Bereichs innerhalb Afrikas, in dem sich neoafrikanische Literatur entwickelt, stößt der Autor auf große Schwierigkeiten. Fragwürdigkeiten und schlichte Untauglichkeiten der bislang benutzten Terminologien sucht er durch die Verwendung einer antiken Benennung zu begegnen. *Agisymba* nannte der Ägypter Ptolemäus im 2. Jahrhundert v. Chr. auf seiner Weltkarte die sich im Altertum südlich von Libyen ins Unbekannte sich dehnende Landmasse, deren sie bewohnende Völker eine der Hauptrassen der Weltbevölkerung bilden, über eine Kultur mit weitgehend übereinstimmenden Wertvorstellungen verfügen und über Sprachen, die alle einer gemeinsamen Sprachfamilie angehören (kongo kordofanische Sprachfamilie).

Janheinz Jahn benutzt für seine Darstellungen den wertneutralen Begriff *Agisymba* und bezeichnet so den Kulturbereich, der ausschließlich mit dem eigentlich Afrikanischen verbunden ist. Aufgrund fehlender Schrift stellt sich die traditionelle Literatur Agisymbas als Oralliteratur dar. Erst seit der Einrichtung von Missionsschulen in Agisymba entstehen zu Beginn des vergangenen Jahrhunderts erste geschriebene Werke in europäischen wie auch in afrikanischen Sprachen.

Zur Zuordnung eines solchen Werkes zur neoafrikanischen oder europäischen Literatur genügt jedoch die Sprache, in der das Werk geschrieben ist, keineswegs, da die europäischen Sprachen und das Arabische über ihre Ursprungsländer hinaus eine große Verbreitung gefunden haben. Auskunft über die Zugehörigkeit zu einer europäischen oder der arabischen Literatur kann nur die geduldige Analyse des Werkes selbst erbringen, die es auf Grund seiner ideellen, literarischen und formalen Denk- und Ausdrucksschemata in die Kontinuität ähnlicher Strukturen eingruppiert. Ernst Robert Curtius nennt solche Schemata *Topoi*. Sie gilt es zu klären, wenn darüber entschieden werden soll, ob ein französisch geschriebenes Werk z.b. der französischen oder der neoafrikanischen Literatur in französischer Sprache zugeordnet werden soll.

Im Hauptteil seines Versuchs stellt er die zahlreichen Varianten alter und neuer Dichtung des Kulturbereichs vor: die afroamerikanische Literatur des 19. Jahrhunderts, die arabo-agisymbische, die vielerlei Varianten der verschiedenen Stammesliteraturen, das Negro-Spiritual, Blues und Calypso, die Negerrenaissance und die Dichtung der Négritude, die Entwicklung in Haiti und Kuba.

Jahn hat in sein Werk seine ungemein umfassende Detailkenntnis eingebracht, so daß der Leser immer wieder auf faszinierende Gegenstände stößt, wie z.B. auf Alfonso Alvarez de Villadosa, geboren und aufgezogen im Palast des Bischofs von Evora, der neben seinen Berufen als Lehrer und gelegentlicher Sekretär für die Franziskaner auf Bestellung *Autos* fabriziert, Dramatisierungen von Heiligenlegenden. Er ist, obgleich über die Mutter von afrikanischer Abkunft, dennoch nicht der erste neoafrikanische Autor in Europa; seine drei erhaltenen *Autos* zählen nach Form und Inhalt zur portugiesischen Literatur des Frühbarocks. Daß wir von ihm überhaupt wissen, liegt an einem Streit mit dem entlaufenen Franziskanermönch Chiado, der sich als Dichter frommer und frivoler Verse betätigt hatte und nach seiner Verhaftung aus dem Gefängnis heraus seine Oberen in Bittgesängen um Gnade bat. Alvarez, als Sekretär des Superiors, bezeichnete den Kollegen als *Bruder Miesmuschel* und *Gefäß des Bacchus*. Chiado antwortete aus dem Gefängnis mit Fünfzeilern, in denen er den Gegner als *Mulatte aus dem Unrat hervorgegangen*, also als einen illegitimen Sprössling, bezeichnet.

Aus dem Bereich der arabo-agisymbrischen Literatur begegnet uns im sogenannten *Antar*-Roman jener ritterliche Dichter 'Antara Ibn Schaddād al-'Absi, der für die arabische Literatur wohl den gleichen Rang einnimmt, wie Homer für die abendländische. Antara war nach Brockelmann der Sohn einer schwarzen Sklavin Zabiba und hatte so einen dreifachen Mangel zu kompensieren: er war schwarz, illegitim und in seiner Kindheit Sklave. Diesen Mangel tilgte er als junger Mann durch überragende Tapferkeit. Er fiel im Kampf. Seine *Mu'allaqāt* (goldene Ode), in der er die Vorzüge seiner Geliebten und sein Heldenleben besang, hing mit anderen sechs als vorbildliche Dichtung am Ehrenplatz an der Kaaba in Mekka. - Um Antar rankten sich schon zu seiner Zeit eine Vielzahl von Legenden, die seine Taten, seine Ritterlichkeit und seinen Ruhm besangen. Das allmählich entstehende riesige Werk wurde im frühen 9. Jahrhundert auf Befehl des Sultans Abdallah al-Ma'mun, des Nachfolgers und zweiten Sohnes Harun al-Raschids durch seinen Erzieher und Philologen Asma'i aufgezeichnet. Abdallah war ein großer Förderer griechischer Philosophie und Wissenschaft und selbst der Sohn einer schwarzen Sklavin. Einige Verse von Antar und viele Gedichte im *Antar*-Roman spielen auf die afrikanische Herkunft des Helden an. Im 12. Jahrhundert in Spanien bekannt, wird der *Antar*-Roman zum Vorbild für viele Ritterromanzen der Zeit, der edle Autor aber selbst, die Zierde der arabischen Ritterschaft, zu einem anregenden Vorbild für die Herausbildung der ritterlichen Ideale im Europa des hohen Mittelalters.

**Muntu - Die neoafrikanische Kultur -
Blues, Kulte, Négritude, Poesie und Tanz**

Nach der ersten Welle um die Jahrhundertwende wurde in der Zeit nach dem ersten Weltkrieg Schwarz Mode in Europa. Dazu Janheinz Jahn:
...In Europa berauschte man sich an Exotismen, an Sinnlichkeit, Kraft, „primitiver Kunst" - in Harlem verkörperte man diese Räusche, empfand sich selber als exotisch, sinnlich, kraftstrotzend und primitiv. Was man in Europa ersehnte und anschwärmte - in Harlem glaubte man, es selber zu sein. In Europa zog man aus den neuen Strömungen makabre

Bitternis, nihilistischen Weltekel und das Gefühl äußerster Dekadenz - in Harlem zog man daraus Fröhlichkeit, Weltlust und ein bis dahin unbekanntes Selbstbewußtsein.

Der schwarze Amerikaner Langston Hughes, 1902 in Missouri geboren, verkörpert die zweite Generation der Dichter des Blues- oder Harlem-Stils. Hier ein Beispiel in der Übersetzung von Eva Hesse:

Afro-Amerikanisches Fragment

So weit
weit fort
ist Afrika.
Selbst die Erinnerungen leben nicht mehr,
nur jene die uns das Geschichtsbuch malt,
nur jene die uns die Songs
wieder ins Blut pochen –
die aus dem Blut hervorpochen,
traurige Worte in fremder Nicht-Negersprache –
so weit
weit fort
ist Afrika.

Gedämpft und zeitverloren
die Trommeln und doch
so weit durch den Nebel der Rasse
zieht dieses Lied
aus atavistischem Land,
dieses Lied verlorener Sehnsucht
und findet nicht Raum
und ich verstehe es nicht –
so weit
weit fort
ist Afrikas
dunkles Gesicht.

Muntu bedeutet in der Bantusprache den Menschen, nicht individuell sondern als Volk verstanden, die Lebenden und die Verstorbenen, die Ahnen und die Götter. - Nochmals aus *Durch afrikanische Türen* eine Textsequenz, die an einer Nahtstelle zwischen der Welt der Lebenden und dem Reich der Toten angesiedelt ist, das Begräbnis:

...Der Mond steht nun über mir im Zenith, ich will um eine weitere Palastecke biegen, da höre ich ferne Trommeln, folge dem Laut und beschleunige den Schritt. Ich bleibe gelegentlich stehen, um mich der Richtung zu vergewissern, dann gehe ich weiter, immer auf das Getrommel zu. Ich gelange an ein großes Gehöft, dessen Vorhof durch mehrere Paraffinlampen hell erleuchtet ist. Ich bleibe draußen stehen, im Dunkeln, doch so, daß ich durch das offene Tor hineinspähen kann. Zwei aus Matten errichtete offene Hütten und das Trommelorchester lassen erkennen, daß das Fest der „Endgültigen Beerdigung" schon lange im Gange ist. Tage und Wochen zuvor war diesem Fest das „Teilbegräbnis" oder die „Vorläufige Beerdigung" vorausgegangen, auch dies eine aufwendige Festlichkeit. Der Tote wird beweint, dann wird er gewaschen und am ganzen Körper rasiert, die Nägel werden geschnitten und sorgfältig aufbewahrt und bewacht, daß niemand sie stiehlt, um mächtigen magischen Zauber daraus zu bereiten; der Tote wird eingekleidet und aufgebahrt, eine alte Frau der Sippe, die Akovi, die besondere religiöse Funktionen versieht, hält mit der Sippenältesten Nachtwache bei dem Verstorbenen, während im Gehöft kein Mahl mehr bereitet wird und die Familienmitglieder auf nackter Erde schlafen. Boten werden ausgesandt an den Bezirksvorsteher, den Dokpwegan, an die Söhne und Schwiegersöhne des Toten in nah und fern, und Tag und Nacht wird die Totentrommel geschlagen. Der Wahrsager kommt, bestimmt dem Fa-Orakel gemäß den Tag für das „Teilbegräbnis", der Totengräber singt ein Lied, erhält Geld und hebt das Grab aus, das der Sohn des Toten zu inspizieren und als nicht groß genug zu befinden hat. Er muß dem Totengräber die Geräte abnehmen und eigenhändig eine geraume Weile am Grab des Verstorbenen schaufeln.
Am Tag des Teilbegräbnisses hüllt der Dokpwegan, der Bezirks- oder Ortsvorsteher, den Toten vorm Haus in die großen Sterbetücher, zu denen jedes Familienmitglied sei-

nen Anteil beigetragen hat, dann wird die Leiche von sechs Männern, die paarweise unter dem Leichnam die Arme verschränken, in schnellem Tanzschritt herumgetragen; ein schwieriger, mühsamer, akrobatischer Tanz, den keiner lang aushalten kann, so daß jeder der Träger nach kurzer Weile ersetzt wird von anderen Trägern. Wenn alle Männer, die durch Verwandtschaft oder Freundschaft mit dem Toten verbunden sind, ihn eine Weile tanzend getragen haben, rennen die Träger aufs Grab zu und senken die Leiche hinein, den Kopf nach Süden. In halber Höhe wird das Grab mit Brettern bedeckt, so daß die Erde, die man nun in das Grab wirft, den Toten nicht berührt.

Während der Wartezeit bis zur „Endgültigen Beerdigung" nehmen die Trauernden täglich Sand oder Erde vom Grabe und werfen es sich über Hals und Brüste.....

Die „Endgültige Beerdigung" beginnt am Vorabend zwischen neun und zehn Uhr, nachdem die Trauernden den Markt besucht und die nötigen rituellen Utensilien eingekauft haben. Vor dem Gehöft versammeln sich die Schwiegersöhne des Verstorbenen, jeder mit einer Seli, einer irdenen Krugtrommel, jede Tochter des Verstorbenen mit einem Korb voller Tücher, Geld und Getränke. Nacheinander werden sie vom Sippenoberhaupt aufgerufen und am Tor empfangen, durch das sie nach zeremonieller Begrüßung mit dem Gefolge ihrer Freunde und Altersgenossen trommelnd einziehen. Dann ziehen auf gleiche Weise die Söhne der Reihe nach ein, und wenn alle versammelt sind, beginnen alle Kapellen gleichzeitig zu spielen und zu singen, jede ein anderes Lied. „Das Ergebnis", schreibt Melville J. Herskovits, „ist natürlich eine betäubende Lautstärke, und diese ist wünschenswert, denn je größer die Lautstärke, umso höher der Rang des Verstorbenen in der anderen Welt und umso mehr Befriedigung fühlt die Familie. Solche Augenblicke sind es, die dem Dahomeer den Wert einer großen Kinderzahl überzeugend spüren lassen." Ich bedaure, daß ich zu spät gekommen bin, um dies Unisono zu hören, denn ich vermute, daß sich trotz der verschiedenen Orchester und Gesänge ein polymetrischer Zusammenklang einstellt...

Muntu, das wie eingangs bereits erwähnt, 1958 erschienene grundlegende Werk zur neoafrikanischen Kultur, gilt noch immer als wegweisend, indem es den Blick schärft für alles, was die Äußerung afrikanischer Kultur in Literatur, bildender Kunst, Musik und in den übrigen Kulturbereichen bedingt, nicht zuletzt aber auch die Bereitschaft zu einer positiven Haltung gegenüber der hohen geistigen Kultur Afrikas. - Jahn gibt in seinem Werk ein handliches Rüstzeug zum Verständnis unterschiedlichster Erscheinungsformen neoafrikanischer Kultur für alle Länder, in denen Menschen mit afrikanischen Wurzeln an ihrer Identität arbeiten und aus dieser für sie als notwendig erkannten Identität heraus ihr Leben selbstbewußt gestalten.

So beschreibt er zum Beispiel *Wodu* als afrikanisches Erbe der Verkörperung der Götter, seine Rituale, seine Überlebensstrategien und seine Bedrohungen durch Kirchen und Gesellschaft. Er erläutert die Ausprägung und die Bedeutung des Tanzes, die Dimensionen der afrikanischen Philosophie, die Funktion und die Bedeutung des Wortes in Ritual und Dichtung.

Die in *Muntu* beschriebenen Reflexionen der Tanz- und Spielformen werden durch ein schönes Beispiel ergänzt, die Entstehung von Blues und Spiritual. Protestantische und puritanische Sklavenhalter haben ihren schwarzen Sklaven bei ihren religiösen Zusammenkünften das Trommeln und den Tanz verboten. So war jetzt das Aufrufen der Orichas (das sind die Ahnen) nicht mehr möglich. Das im Rhythmus des Blues gesungene Spiritual kompensiert diesen Mangel. Die Trommeln werden durch Händeklatschen ersetzt. Der Rhythmus entwickelt sich im Klatschen, im Stampfen der Beine und den wiederholten Anrufungen, dem sich steigernden Tempo, aus der anschwellenden Lautstärke, und mündet durch die gemeinsamen Aktionen in eine zunehmende Ekstase der Gemeinde, die jetzt nur noch ein Körper, eine Stimme, von einem Geist beseelt ist.

Ein anderer Jahnscher Exkurs ist der historischen und der neueren Entwicklung der Literatur gewidmet, vom oral übermittelten Kunstwerk der vergangenen Jahrhunderte mit den aus Dichtern bestehenden Bibliotheken an den Hofhaltungen der afrikanischen Könige bis zu den modernen Spielarten einer aufbruchsorientierten Literatur. Und Jahn erörtert letztendlich die Frage der Menschenwürde auf dem Weg zur Akzeptanz des Afrikanischen durch die Gesellschaften der modernen technischen Zivilisation und die Absage an jeglichen rassistischen und kulturellen Dünkel mit dem Ziel einer am Humanen orientierten Partnerschaft der Völker der Welt. An dieser gewaltigen, noch immer nicht gelösten Aufgabe arbeitete Janheinz Jahn, sein publizistisches Werk ist nicht nur ein grandioses Denkmal der Stimmen der schwarzen Völker, sondern auch Ausdruck der Hoffnung auf die humanisierende Kraft der afrikanischen Kultur im Wettstreit der Völker.

Wir wollen jetzt zum Abschluß unserer Betrachtung noch ein Gedicht des farbigen Amerikaners Paul Vesey, Jahrgang 1913, hören, der sich nach 1945 in Österreich aus der US-Armee entlassen ließ, um zu Fuß durch Europa zu ziehen.

Entkleidung

Wenn ich wissen könnte, wer das kalte Eisen hielt
und ihr Blut brandmarkte
und ihr Haar mit schreienden Flammen sengte,
wabernden Flammengeistern -
wüßt ich wo der Vater meines Schattens ächzt heut nacht,
wüßt ich wo er ächzt.

Wenn ich wissen könnte, wo der schwarze Vogelschnabel
weit von Stein zu Monolith sich spannte,
wo vor Schreck der gräßliche Gedanke meiner Mutter
im Geholper eines Berghangs starb -
wüßt ich wo die Scheide fallen müßte
daß die Klinge schimmert.

Wenn ich wissen könnte, in welch dunkel Kabinett
sie mein Hoffen sperrten dicht zu Affe Hahn und Schlange,
und welch bleiches Recht die Seele mir verhüllt heut nacht -
dann wüßte ich,
dann wüßt ich alles was ich wissen müßte.

Vortrag von Albrecht Dexler vor der *Gesellschaft Hessischer Literaturfreunde* am 29. November 2010 im Literaturhaus Darmstadt; die Zitate las Tilman Meyn, damals Schauspieler am Staatstheater Darmstadt. Typoskript

Quellen:

Diwan aus Al-Andalus Nachdichtungen hispano-arabischer Lyrik von Janheinz Jahn, Harriet Schleber Verlag Kassel 1949

Schwarzer Orpheus Ausgewählt und übertragen von Janheinz Jahn, Carl Hanser Verlag München 1954

Janheinz Jahn *Muntu* - Umrisse der neoafrikanischen Literatur; Eugen Diederichs Verlag Düsseldorf-Köln 1958, 1986

Janheinz Jahn *Durch afrikanische Türen*; Eugen Diederichs Verlag Düsseldorf-Köln 1960

Westafrikanische Impressionen Fotos und Zeichnungen von Helmut Lander, Einleitung und Übersetzungen von Janheinz Jahn, Peter Presse Darmstadt 1962

Janheinz Jahn *Geschichte der neoafrikanischen Literatur*; Eugen Diederichs Verlag Düsseldorf-Köln 1966

Léopold Sédar Senghor *Botschaft und Anruf* Herausgegeben und übertragen von Janheinz Jahn; Carl Hanser Verlag München 1963, dtv München 1966

Mit freundlicher Genehmigung von Aurel Jahn

50 Jahre Gesellschaft Hessischer Literaturfreunde Darmstadt 1960 - 2010

Gründung und Auftrag

Auf Anregung von Großherzog Ernst Ludwig gründete Kuno Graf Hardenberg im Frühjahr 1918 die *Gesellschaft Hessischer Bücherfreunde* in der Absicht, durch beispielhafte Publikationen und einschlägige Vorträge die in Hessen beheimatete Buchkunst zu fördern. Zu Beginn des 2. Weltkriegs musste die Gesellschaft ihr Engagement beenden und löste sich auf. Nach dem Krieg setzte die Neugründung Freunde der Literatur und Literaturpflege in Hessen - *Gesellschaft Hessischer Bücherfreunde* - diese Arbeit mit neuer Zielsetzung fort. Schon 1955 rief der Darmstädter Bibliotheksrat Dr. Wolfgang Engelhard gemeinsam mit den Schriftstellern Fritz Usinger und Heinrich Weiss diese Freunde der Literatur und Literaturpflege in Hessen ins Leben und gründete zur Realisierung der für die Reihe *Hessische Beiträge zur deutschen Literatur* geplanten Veröffentlichungen den Verlag Hessische Bücherfreunde.

Als Dr. Engelhard im Mai 1960 stirbt, ist unter seiner Mitwirkung über die Umwandlung der Vereinigung der Freunde der Literatur und Literaturpflege in Hessen in die *Gesellschaft Hessischer Literaturfreunde e.V.* entschieden, für deren künftige Aktivitäten die HEAG die notwendige finanzielle Absicherung bereitstellt.

Mit ihrer Gründung am 15. Oktober 1960 durch den damaligen HEAG-Direktor Professor Strahringer, den Darmstädter Oberbürgermeister Dr. Ludwig Engel und in Verbund mit einer Gruppe literaturbegeisterter Bürgerinnen und Bürger nimmt die *Gesellschaft Hessischer Literaturfreunde e. V.* die Tradition ihrer Vorgänger mit neuer inhaltlicher Akzentuierung auf. Sie widmet sich künftig der Pflege und Förderung von Literatur, vornehmlich der hessischen, durch Herausgabe von Publikationen, Vortragsarbeit und Lesungen, die durch ihr Thema, den Autor oder Herausgeber eine Verbindung zu Hessen aufweisen.

In einem Schreiben an das Hessische Kulturministerium formuliert Dr. Engelhard den Auftrag der jungen Gesellschaft: Es gelte das Interesse der Vereinigung der *Förderung der Literatur, die in dem hessischen Raum wurzelt, sei es, dass der Autor in ihr beheimatet ist, sei es, dass das Werk eine innere Beziehung zum hessischen Lande und seinen Leuten besitzt.*

Bücher

Innerhalb der Aktivitäten der Gesellschaft stellt die Veröffentlichung von Texten eine besondere Aufgabe dar. Seit dem Erscheinen von Fritz Usingers *Welt ohne Klassik* (1960), des 1. Bandes in der Reihe *Hessische Beiträge zur deutschen Literatur*, sind weit über 100 Veröffentlichungen erschienen. Im Frühjahr 2000 war es der Band 100 mit dem Titel *Zweifelhafte Geschichten* des Darmstädter Autors Rainer Wieczorek. Im Jubiläumsjahr 2010 konnte die Gesellschaft unter der Nr. 116 die von Dr. Corona Schmiele herausgegebene Textsammlung Walter Schmiele, *Mit wenigen Strichen . . . Porträts und Glossen* vorlegen.

Thematische Schwerpunkte der Publikationsarbeit haben sich im Verlauf der Jahre aus der wiederholten Auseinandersetzung mit bestimmten Größen der Literaturgeschichte und aus der speziellen Aufgabenstellung des Auftrags der Gesellschaft ergeben: Goethe, Merck und ihre Zeit, Georg Büchner und seine Zeit; Reprints einiger Kostbarkeiten wie z.B. von Goethes literarischem Erstlingswerk *Von deutscher Baukunst* (1773), erläutert von Jörg-Ulrich Fechner und *Götz von Berlichingen mit der eisernen Hand* (1773) wie auch Georg Büchners *Dantons Tod* von 1835, mit handschriftlichen Korrekturen des Autors und Erläuterungen von Erich Zimmermann, Direktor der Landes- und Hochschulbibliothek, herausgegeben, mögen als Beispiele dieser Schwerpunktbildung hier angeführt werden.

Heinz-Winfried Sabais, früherer Oberbürgermeister der Stadt Darmstadt und Poet zugleich, hinterlässt unverwechselbar seine Spuren in der Buchlandschaft der Literaturfreunde. Nach zwei früheren Publikationen (*Linker Hand - Kleine Prosa* 1968 und *Mitteilungen - Communications* 1971) erscheint 1982 die Gedicht- und Prosasammlung *Fazit*, für deren Herausgabe Karl Krolow, Ekkehard Born und Ingeborg Sabais verantwortlich zeichneten.

Sabais' Initiative verdanken die insgesamt sieben Bände der Autoren- und Künstlerinterviews ihre Existenz, die der Butzbacher Hans Joachim Müller herausgab, der mit den Schülern seiner Arbeitsgemeinschaft am Butzbacher Gymnasium durch die Lande reiste, um Künstler und Autoren zu befragen. Die von ihm herausgegebenen Bände sind eine Fundgrube authentischer Aussagen zu künstlerischer Produktion und zum Selbstverständnis zeitgenössischer Kunst und Kultur.

Daneben und darüber hinaus begegnet uns die Gattung der Lyrik in einer größeren Anzahl von Veröffentlichungen, wie z. B. in Schiebelhuths *Chinesische Gedichte*, in Wolfgang Weyrauchs *Gedichten* (1973) oder in *Wolkenschiffe* von Friedrich Kalbfuß, wie auch in den beiden Gedichtbänden *365 Tage* und *Nur im Flug aufwärts* von Renate Axt oder auch in Margarete Dierks Band *Zwischen Zenit und Nadir* und in *Das Auf und Ab des Himmels* von Fritz Pratz.

Und die Erzählung: Hier sind u.a. Autoren wie Bernhard von Brentano, Gabriele Wohmann, Ernst Kreuder, Herbert Heckmann, Ursula Sigismund, Heinrich Schirmbeck zu nennen und jüngere Literatur aus der Feder von Kurt Sigel, Dieter Zeitz und Rainer Wieczorek. Auch der Roman taucht im Publikationsprogramm in besonderen Beispielen auf, wie in *Jakobs Jahr* (Erstdruck 1942/43 vernichtet) von Rudolf Krämer-Badoni und *Länger noch als tausend Jahr* von Fritz Deppert (1993), die sich beide mit dem Dritten Reich auseinandersetzen, oder wie in Johann Sebastian Dangs *Baptist und Barbara*. Besondere Verdienste hat sich Dieter Zeitz mit der Herausgabe des nachgelassenen Romans *C-Dur* des Film- und Theaterregisseurs Ludwig Berger erworben.

Großen Raum gibt die Gesellschaft Hessischer Literaturfreunde der Auseinandersetzung mit Literatur, mit den Autoren, mit ihren Förderern und Nutznießern, den Lesern. Volker Klotz schreibt schon 1962 eine Reihe von kurzen Kommentaren zu Stücken und Gedichten, 1991 folgt der Band *Literaturbeamter auf Lebenszeit - Spielräume der akademischen Verwaltung von Dichtkunst*. Dem Andenken des großen Dichters aus Frankfurt/Weimar und dem Bild der Zeitgenossen Goethes sind viele Texte gewidmet, die Fritz Ebner in seinem Band *Goethe - Aus seinem Leben* (1997 und 2002) zusammengefasst hat. Der kürzlich verstorbene Autor, langjähriger 2. Vorsitzender unserer Gesellschaft, hat uns dankenswerterweise mit diesem Band ein umfassendes Dokument seines verdienstvollen Wirkens als Literaturfreund und Literaturvermittler hinterlassen.

Auch der historischen, darmstädtisch akzentuierten Szene waren zwei besondere Veröffentlichungen gewidmet, die hier eigens angeführt werden sollen. 1985 gab Herbert Heckmann die in Deutschland einzigartige Militärsatire *Leben, Wirken und Ende weiland Seiner Exzellenz Oberfürstlich-Winkelkramschen Generals der Infanterie Freiherrn Leberecht vom Knopf - Aus dem Nachlass eines Offiziers, herausgegeben durch Dr. med. Ludwig Siegrist* des Darmstädter Militärschriftstellers Wilhelm von Ploennies neu heraus. 1998 erschien aus der Feder von Rudolf Becker die biographische Darstellung *Ernst Elias Niebergall, Bilder aus einem unauffälligen Leben*, die detailliert über das Leben des Erfinders des *Datterich* informiert. Als Großprojekt darf die Publikation über Leben und Werk des Graphikers Hartmuth Pfeil durch Heinrich Keil bezeichnet werden, die 1987 realisiert werden konnte.

Die vergangenen 10 Jahre

Auch in den letzten 10 Jahren konnte neben Vorträgen und Lesungen im Bereich der Publikationen eine gute Bilanz erzielt werden.

Mit dem Theater beschäftigten sich der theaterbegeisterte Heinrich Keil in seinem Erfahrungsbericht *Kriegsjahre 1939-1943 im Hessischen Landestheater* (2003), der Schriftsteller Rainer Wieczorek in seiner Novelle *Der Intendant kommt*, der Regisseur und Intendant Gerhard F. Hering in seinen ausgewählten Schriften *Auf der Bühne unserer Phantasie* (2008) und die Autorin Vita Huber in ihrem Essayband *Mein Theaterbuch - Essays zu Dichtern und Komponisten, Themen und Szenarien* (2006).

Als letzter zur Lebenszeit publizierte Text der Schriftstellerin Karin Struck erschien 2003 *Zerstörung durch Männer: Monolog für eine Schriftstellerin* in einem gemeinsam mit der bildenden Künstlerin Annegret Soltau gestalteten Buch *Annäherungen an Ingeborg Bachmann*; von Annegret Soltau enthält der Band 17 bis dahin unveröffentlichte Porträts der Dichterin.

Dem Jugenheimer Autor Ludwig Fertig ist die Herausgabe der *Ausgewählten Schriften* von Alexander Büchner zu verdanken (2005), durch die wesentliche Teile des literarischen und literaturwissenschaftlichen Werkes des Bruders von Georg Büchner eine Würdigung erfahren und er selbst als Literat aus dem Schatten seines Bruders hervortritt. Eine wichtige literatursoziologische Betrachtung legt derselbe Autor 2004 mit seiner Schrift *Abderitismus und Kuhschnappelei oder: Das Genie in der Reichsstadt - Anmerkungen über Schubart, Wieland und Jean Paul* vor.

1995 hatte die an der Universität Palermo tätige Germanistin Maria Teresa Morreale für die Literaturfreunde die sizilianischen Briefe des im frühen 19. Jahrhundert durch Italien, Sizilien und Ägypten wandernden Architekten und Schriftstellers Friedrich Maximilian Hessemer publiziert. Christa Staub, die nach dem frühen Tod der Herausgeberin deren Projekt der Gesamtedition der vorhandenen Hessemerbriefe übernommen und ausgeführt hatte, verantwortete 2007 die Veröffentlichung und wissenschaftliche Bearbeitung des von Hessemer auf seiner Wanderung geführten Freundschaftsbuchs: *Gedenkbuch seiner Reise nach Itali-*

en und Ägypten 1827 - 1830, das vor einigen Jahren aus Familienbesitz als Schenkung dem Hessischen Landesmuseum Darmstadt übergeben wurde.

Über den Druck des 2008 gehaltenen Vortrags von Fritz Deppert - *Hans Schiebelhuth 1895 - 1944, Ein Lyriker aus Darmstadt* hinaus, erschien 2009 der von Agnes Schmidt herausgegebene Band *Darmstädterinnen unterwegs - Reiseberichte von Luise Büchner, Luise von Ploennies, Alice von Hessen und bei Rhein, Luise von Gall, Marie zu Erbach-Schönberg und Hermione von Preuschen* und jetzt, im Jahr 2010, der bereits zu Beginn dieser Ausführungen angesprochene Band mit gesammelten Texten von Walter Schmiele.

Die Verantwortlichen der Gesellschaft

Den Vorsitz im Vorstand der Gesellschaft hatten ab 1960 Professor Wilhelm Strahringer, die Oberbürgermeister Dr. Ludwig Engel und Heinz Winfried Sabais sowie die HEAG-Direktoren Dr. Joachim Borsdorff und Dr. Siegfried Bittner inne. Seit 1998, im Jahr zuvor war der amtierende Geschäftsführer interimsweise auch in dieser Funktion tätig, versieht Albert Filbert, Vorstandsvorsitzender der HSE, dieses Amt. Als stellvertretende Vorsitzende waren der Friedberger Schriftsteller Fritz Usinger und ab 1982 Dr. med. Fritz Ebner tätig.

Die Geschäftsführung lag von 1963 bis 1988 in der Hand von Dr. Ekkehard Born, *Herz und Kopf der Gesellschaft Hessischer Literaturfreunde* (Heinz Winfried Sabais), dem 1988 Albrecht Dexler nachfolgte. Das Amt des Schatzmeisters versieht seit 1999 Peter Hörr als Nachfolger von Walter Lindenlaub, der in den späten achtziger Jahren den langjährig engagiert tätigen Schatzmeister Heinrich Scheit abgelöst hatte. Weitere Mitglieder im Vorstand sind Oberbürgermeister Walter Hoffmann und Oberbürgermeister a. D. Peter Benz. Ein Beirat, bestehend aus Dr. Vita Huber-Hering, Dr. Fritz Deppert und Dieter Zeitz, unterstützt die Arbeit des Vorstandes.

Aus der Broschüre gleichen Titels, Darmstadt 2010

Das Albrecht-Dexler-Haus

Coffee Chaos Band rockt für das neue *Albrecht-Dexler-Haus*,
Foto Claus Völker, *Darmstädter Echo 1.10.2012*

Albrecht Dexler leitete sechsundzwanzig Jahre die Eleonoren-Schule in Darmstadt. Zur 100-Jahrfeier des Gymnasiums gründete sich die *Coffee Chaos Band*, die bei dieser Gelegenheit zum ersten Mal öffentlich auftrat. Das zur Eleonorenschule gehörende Landheim in Wald-Michelbach, das von Grund auf saniert worden war, erhielt den Namen Albrecht-Dexler-Haus.

Biographie von Albrecht Dexler

1940 30. April geboren in Darmstadt
1952 Besuch des Gymnasiums, Justus-Liebig-Schule
1958 Wechsel zur gymnasialen Oberstufe der Viktoriaschule in den neusprachlich-musischen Zweig
1961 Februar, Abitur an der Viktoriaschule
April, Aufnahme an der Staatlichen Hochschule für Bildende Künste, Kassel, zum Studium der Kunsterziehung und Deutsch für das Lehramt an Gymnasien. Im gleichen Jahr Heirat mit Ute, geb. Petermann. Aus der Ehe entstammen drei Kinder: Dorothea, Susanne und Lorenz.
1965 Juli, 1. Staatsprüfung
Oktober, Beginn des Referendariats an Justus-Liebig-Schule und Ludwig-Georgs-Gymnasium, Darmstadt
1967 2. Staatsprüfung
1968 Im Lehramt am Gymnasium der additiven Gesamtschule Schuldorf, Bergstraße
1970 Lehrtätigkeit an der VHS
1974 April, Ernennung zum Oberstudienrat
August, Versetzung an Gymnasiale Oberstufe der Bertolt-Brecht-Schule, Darmstadt
1976 April, Ernennung zum Studiendirektor als Koordinator an der Bertolt-Brecht-Schule
1979 Juni, Besetzung der Stelle als Schulleiter des Gymnasiums Eleonorenschule, Darmstadt
1980 April, Ernennung zum Oberstudiendirektor
1988 Übernahme der Geschäftsführung der *Gesellschaft Hessischer Literaturfreunde*
2005 Ende Juli, Versetzung in den Ruhestand
2011 11. Oktober stirbt Albrecht Dexler in Darmstadt

Albrecht Dexler war viele Jahre Obmann der Darmstädter Gymnasien sowie im Vorstand der *Freunde des Staatstheaters Darmstadt*, im Vorstand der *Europa-Union Darmstadt* und bis zu seinem Tod im Vorstand der *Goethe-Gesellschaft Darmstadt*, außerdem bis Ende 2010 im *Hessischen Literaturrat e.V.* beim Hessischen Ministerium für Wissenschaft und Kunst.

Ab 1980 hat Albrecht Dexler Kunstausstellungen vor allem in Zusammenarbeit mit der Buchhandlung und Galerie Böhler in Bensheim (früher auch Sommergalerie Lichtenberg, Odenwald), dem Kunsthaus Poorhosaini, Seeheim-Jugenheim, der Buchhandlung Schlapp in Darmstadt und der VHS des Landkreises Darmstadt-Dieburg eröffnet.

Biographien der Autoren

Peter Benz

Geboren 1942 in Darmstadt. Studium: Johann-Wolfgang-Goethe-Universität Frankfurt a.M. (Germanistik, Politische Wissenschaften, Philosophie, Soziologie) Studienrat. Kommunalpolitisch tätig seit 1968. Landtagsabgeordneter 1974-1976. 1976 hauptamtlicher Stadtrat, ab 1983 Bürgermeister und von 1993-2005 Oberbürgermeister in Darmstadt. Mitglied der Jury *Buch des Monats* und in der Büchner-Preis-Jury der Deutschen Akademie für Sprache und Dichtung. Vorsitzender des Darmstädter Förderkreises Kultur e.V., der Gesellschaft Hessischer Literaturfreunde e.V., der Hessischen Spielgemeinschaft 1925 e.V. und der Freunde des Staatstheaters Darmstadt e.V.

Wolfgang Böhler

Geboren 1936, lebt an der Bergstraße, Buchhändler, Galerist und Verleger. - Bisher wurden 342 Kunstausstellungen ausgerichtet und ca. 30 Broschüren, Kataloge und Bücher editiert, außerdem ca. 150 Graphik-Editionen.

Fritz Deppert

Geboren 1932, lebt in Darmstadt. Studium und Promotion in Frankfurt/M. Gründer der Bertolt-Brecht-Schule in Darmstadt; Leiter der Schule von 1974 bis 1996. Merckehrung 1996, neueste Veröffentlichung *Ein Bankier steigt aus*, Roman 2012. Mitglied des P.E.N.-Zentrums Deutschland.

Peter Hörr

Geboren 1952 in Darmstadt. Studium an der Fachhochschule Frankfurt/M (Dipl.- Betriebswirt). Nach anderen Tätigkeiten von 1982-2007 Mitarbeiter der HEAG AG Darmstadt. Ab April 1991 Leiter der Abteilung Internes Rechnungswesen mit Handlungsvollmacht. - Ab Juli 2004 Vorstandsvorsitzender der HEAG Pensionszuschußkasse VaG. - Schatzmeister der Gesellschaft Hessischer Literaturfreunde e.V. von 1990 bis Ende 2011.

Vita Huber-Hering

Geboren in Salzburg, Studium der Theaterwissenschaft, Germanistik, Philosophie und Psychologie an der Universität Wien. Promotion. Dramaturgin und Chefdramaturgin an den Staatstheatern von Darmstadt und Wiesbaden, der Hamburgischen Staatsoper und der Deutschen Oper am Rhein Düsseldorf-Duisburg. Diverse Veröffentlichungen, zuletzt erschienen *Geradewegs durch die Zeit - Gerhard F. Hering 100 Jahre*: Ausstellung im Staatstheater Darmstadt und Dokumentation 2008/2009; *Der entfesselte Zeitgenosse* in *Phänomen Expressionismus* 2012. Mitglied des Österreichischen P.E.N. seit 1971, des P.E.N. Zentrums Deutschland seit 1987.

Ulrike Leuschner

Studium der Germanistik und Philosophie in Würzburg. Promotion. Publikationen zur Literatur des 18. bis 20. Jahrhunderts. Seit 2000 Wiss. Mitarbeiterin der Forschungsstelle Merck an der TU Darmstadt. Hrsg.: *Johann Heinrich Merck: Briefwechsel* (5 Bde., Göttingen 2007), *Gesammelte Schriften* (Bde. 1 u. 3, Göttingen 2012). *Johann Heinrich Merck* (Hannover 2010, Biographie). Mithrsg.: *treibhaus*. Jahrbuch für die Literatur der fünfziger Jahre.

Karlheinz Müller

Geboren 1946, Studium ev. Theologie und Germanistik, bis 2008 Gymnasiallehrer in Darmstadt; Vorsitzender der Elisabeth-Langgässer-Gesellschaft, lebt in Griesheim, wichtigste Veröffentlichung: *Literarische Spaziergänge in Darmstadt*, 1993. - Umfangreiche Vortragstätigkeit.

N. S. Poorhosaini

Geboren 1943 in Teheran. - Studium Chemie und Medizin in Mainz und Darmstadt. - Galerist in Seeheim-Jugenheim, 1987 Gründung *Kunsthaus Poorhosaini*. Bisher etwa 45 Kunst-Ausstellungen ausgerichtet. Zuletzt: Gemälde von Dietrich Naethe, 2011.

Karl-Eugen Schlapp

Geboren 1934 in Heppenheim. Buchhändler und Verleger in Darmstadt. Seine letzte Veröffentlichung: *1836 - 2011 Buchhandlung H. L. Schlapp in Darmstadt. Eine Chronik* (2011).

Agnes Schmidt

Geboren in Ungarn, Dipl.-Soziologin, seit 1966 in Deutschland. Ausbildung als Buchhändlerin in Budapest, anschließend Studium Sprach- und Bibliothekswissenschaft ebenfalls in Budapest. Studium der Soziologie in Darmstadt. Seit 1998 Ehrenamtliche Leiterin der Luise-Büchner-Bibliothek; 2010 Mitbegründerin und Erste Vorsitzende der Luise-Büchner Gesellschaft, beide in Darmstadt. Letzte Veröffentlichung: *Darmstädterinnen unterwegs* (2009).

Corona Schmiele

Geboren in Darmstadt. Studium der Germanistik, Romanistik und Vergl. Literaturwissenschaft in Mainz. Promotion 1980 über Gottfried Benn. Lebt in Paris. Langjährig Dozentin an der École normale supérieure (ENS Ulm), dann maître de conférences für deutsche Literatur an der Universität Caen. – Veröffentlichungen u.a. über Benn, Hölderlin, Kafka, Kleist, Friedrich Schnack, Musil, Trakl, J. Wassermann, E. Jelinek. Übersetzungen aus dem Französischen (Paul Valéry, Anouilh).

Aart Veder

Geboren 1947 in Berlin, Ausbildung an der Westfälischen Schauspielschule Bochum, 1973 Förderpreis des Landes Nordrhein-Westfalen. Engagements in Berlin, Bochum und Essen. Bis 1978 am Nationaltheater Mannheim. Seit der Spielzeit 1978/79 im Ensemble des Staatstheaters Darmstadt. Umfangreiche Tätigkeit als Funk- und Synchronsprecher.

Dieter Zeitz

Geboren 1933, lebt in Mühltal. Von 1961 bis 1974 im hessischen Schuldienst und im deutschen Auslandsschuldienst (Bombay), bis Ende 1995 in der hessischen Schulverwaltung. - Autor und Übersetzer. Letzte Veröffentlichung: *Onkel Karl und andere Störfälle, Erzählungen* (2011).

Wolfgang Zelmer

Geboren 1948 in München. Studierte 1968 - 1970 in London an der Hampstead School of Arts und 1971 - 1972 in Paris an der Academie Julian. - Er schuf bedeutende Gemälde und Graphiken, die sich vor allem mit dem Thema des *Stillebens* auseinandersetzen. Er bekam 4 internationale Preise (Erdingen, 2x Tokio und Monte Carlo). - Seit 2000 Gastdozent für Malerei van der Reichenhaller Akademie. Lebt in Netolice/Tschechien und Casanova Lerrone/Italien.